Invertir De Forma Simple

Estrategias Para Crear Una Cartera De Inversión Rentable A Través De Bienes Raíces, Acciones, Comercio De Opciones, Fondos Indexados, Bonos, REITs, Bitcoin, Y Más.

Inversión para principiantes

Inversión Inmobiliaria

Samuel Feron

Copyright © 2023 por Samuel Feron

Reservados todos los derechos.

No es legal reproducir, duplicar o transmitir ninguna parte de este documento en medios electrónicos o en formato impreso. La grabación de esta publicación está estrictamente prohibida y no se permite el almacenamiento de este documento a menos que cuente con el permiso por escrito del editor, excepto para el uso de citas breves en una reseña de un libro.

Inversión para principiantes

Minimiza el riesgo, maximiza los rendimientos, haz crecer tu riqueza y alcanza la libertad financiera a través del mercado de valores, fondos indexados, comercio de opciones, criptodivisas, bienes raíces y más.

Samuel Feron

Contenido

Introducción	5
1. Introducción a la inversión	7
¿Por qué deberías invertir?	
Mitos e ideas erróneas sobre inversión	
2. Construir una base financiera sólida	16
Fíjate objetivos financieros que puedas cumplir	
El poder del ahorro y el interés compuesto	
3. Introducción a las acciones	25
Explorando los distintos tipos de acciones	
Cómo invertir en bolsa	
4. El mundo de los fondos indexados	38
¿Qué es un fondo indexado y cómo funciona?	
Ventajas de comprar fondos indexados	
¿Quién debe invertir en fondos indexados?	
¿Qué debe tener en cuenta un inversor?	
Cómo invertir en fondos indexados	
Pedido de ayuda	46
5. Navegar por el mercado de opciones	48
¿Cómo funciona el comercio de opciones?	
Tipos de estrategias de negociación de opciones	
Ventajas de negociar con opciones	
Las desventajas de negociar con opciones	

Aspectos a tener en cuenta al negociar opciones
   Cómo negociar opciones

6. El auge de las criptomonedas 57
   ¿Qué es una criptomoneda/criptodivisa?
   ¿Cómo funciona una criptomoneda?
   Beneficios de las criptomonedas
   ¿Cómo comprar criptomonedas?
   ¿Cómo almacenar criptomonedas?
   Cómo invertir con seguridad en criptomonedas

7. Invertir en el sector inmobiliario 63
   Beneficios de la inversión inmobiliaria
   Invertir en el sector inmobiliario

8. Gestión del riesgo en tu cartera de inversiones 73
   Los principios del riesgo
   Valores sin riesgo
   Riesgo y horizontes temporales
   Tipos de riesgo financiero
   Riesgo VS. Recompensa
   Riesgo y diversificación

Conclusión **86**

Introducción

Aunque tenemos la ligera idea de que sabes lo que es invertir, definamos primero algunos términos. Después, te explicaremos cómo proceder.

¿Qué es invertir? Invertir implica asumir un compromiso financiero con la esperanza de generar un beneficio. Esto significa que inviertes dinero para generar ingresos y cumplir tus objetivos financieros.

Muchas personas invierten su dinero en bolsa para alcanzar sus objetivos financieros a largo plazo, ya que pueden esperar una alta rentabilidad. Pero, sobre todo para los nuevos inversores, invertir puede parecer aterrador e intimidante. Afortunadamente, hay muchas opciones que se consideran las mejores inversiones para principiantes y se ajustan a diversos objetivos, límites de gasto y niveles de comodidad.

Si estás empezando, invertir puede parecer abrumador, pero es esencial para aumentar el patrimonio y ahorrar para diversos objetivos financieros. No te preocupes demasiado por si ahora es o no el mejor momento para empezar a invertir, porque a lo largo de tu carrera te encontrarás con diversos escenarios de mercado.

Sin embargo, antes de realizar cualquier inversión, los nuevos inversores deben ser conscientes de su tolerancia al riesgo. Algunas inversiones son más arriesgadas que otras, por lo que no querrás llevarte una sorpresa desagradable después de haber realizado una compra. Considera tu capacidad para prescindir del dinero que vas a invertir y si puedes pasar unos años o más sin tener acceso a él.

Independientemente de dónde inviertas tu dinero, en esencia lo donas a una empresa, al gobierno o a otra organización con la esperanza de que te den más dinero. La mayoría de las veces, cuando la gente invierte dinero, tiene un objetivo concreto en mente, como la jubilación, la educación de sus hijos, una casa, y la lista continúa.

Negociar y ahorrar no es lo mismo que invertir. Invertir suele estar relacionado con apartar dinero durante mucho tiempo, en lugar de negociar acciones con regularidad. Ahorrar dinero es más seguro que invertir. Las inversiones no siempre están aseguradas, pero el ahorro sí lo está en ocasiones. Nunca tendrías más dinero del que has ahorrado si mantuvieras tu dinero escondido bajo el colchón y no lo invirtieras.

En consecuencia, mucha gente decide invertir su dinero. Puedes hacer varias inversiones, y este libro las cubrirá todas.

Dado que estás leyendo este libro, podemos suponer que estás deseando comprender los conceptos básicos de la inversión. En este libro se tratarán las opciones más populares, pero un asesor financiero también puede ayudarte a elegir el mejor curso de acción y ofrecerte orientación cuando realices tus primeras inversiones.

1

Introducción a la inversión

En pocas palabras, invertir puede ayudarte a tener éxito en la vida. Puede ser esencial para tu capacidad de desarrollar tu valor con el tiempo y asegurar el tipo de futuro que deseas para tu familia y para ti mismo. Incluso puedes permitirte ganar dinero mientras duermes. No hay duda de que aprender cómo funciona cualquier cosa merece la pena.

Pero es mucho cuando eres nuevo. Muchas opciones, terminología e ideas desconocidas y consejos difíciles, a menudo contradictorios, que hay que analizar. Además, puede resultar estresante porque implica jugarse el dinero.

Sin embargo, no tiene por qué ser complicado, simplemente porque puede serlo. Para empezar a invertir, sólo tienes que tomar unas cuantas decisiones clave. Vamos a diseccionarlo todo. Pero primero, lo básico.

¿Por qué deberías invertir?

Hay varias razones por las que invertir tu dinero es crucial. Quieres ganar dinero para ambiciones futuras, para ayudarte en tiempos de necesidad, de pérdida de empleo, o para ambas cosas. Para evitar que tu dinero pierda valor con el tiempo, te resultará útil utilizar la capitalización y tener en cuenta la inflación. Además, la inversión es importante para ayudarte a alcanzar tus objetivos si pretendes jubilarte y dejar de trabajar en algún momento.

Veamos algunos factores que hacen que invertir sea tan crucial.

Creación de riqueza

La riqueza puede implicar cosas diferentes para cada persona: puede ser una suma concreta de dinero en tu cuenta bancaria o un conjunto de objetivos financieros que te has fijado. En cualquier caso, invertir puede ayudarte a progresar.

Si tu objetivo es saldar deudas, llevar a tus hijos a la universidad, comprar una casa, poner en marcha un negocio o ahorrar para la jubilación, la inversión puede ayudarte a conseguirlo más rápidamente que dejar el dinero en tu cuenta bancaria. Invertir puede mejorar tu patrimonio o el valor de todos tus activos.

Crear riqueza es un objetivo a largo plazo que te beneficiará. Puedes dejar un legado financiero creando riqueza generacional a través de la inversión. Además de dar a tus hijos una base financiera sólida, la transmisión de riqueza a las generaciones futuras podría ayudar a cerrar la brecha de riqueza con la que muchas comunidades están luchando.

Compuestos

El interés compuesto puede ser una ventaja a la hora de invertir. El interés compuesto es el interés que recibes por el dinero que inviertes más el interés de cada periodo anterior. A veces, se denomina "interés sobre interés". El interés compuesto permite un rápido crecimiento del patrimonio. Por ejemplo, tu inversión total sería de $9.000 si ganaras $50 al mes durante 15 años. En ese periodo, suponiendo una tasa de rentabilidad del 10%, el interés compuesto permitiría que los $9.000 aumentaran a más de $19.000.

Reducir la inflación

La tendencia general al alza de los precios de los productos a lo largo del tiempo se denomina "inflación". Tu dinero comprará hoy menos que ayer si los precios suben con el tiempo. Aunque el coste de la vida haya crecido, tu dinero tendrá mucho menos valor si se produce inflación en un periodo de 30 o 40 años. Una forma de luchar contra la inflación es invertir tu dinero. Si ganas más que la tasa de inflación, tu dinero valdrá mañana más que hoy.

Jubilación

Si piensas jubilarte y dejar de trabajar, debes tener reservada una importante suma de dinero para mantenerte cuando dejes de trabajar. La diferencia entre tus ahorros y lo que necesitarás para vivir durante los próximos 20 o 30 años puede cubrirse invirtiendo.

A partir del objetivo de ahorro para la jubilación que te hayas fijado, puedes empezar a invertir para la jubilación. Pensar en la fecha de jubilación deseada, el estilo de vida previsto para la jubilación y los costes te ayudará a alcanzar esa cifra. A continuación, puedes desarrollar un plan de inversión para la jubilación que equilibre tu situación financiera actual con tu estilo de vida deseado para la jubilación.

Mitos e ideas erróneas sobre inversión

Algunos de los mitos más extendidos son difíciles de separar de la realidad porque parecen auténticos o cercanos a la verdad. ¿Estás confundido?

He aquí un ejemplo. Una madre pregunta a su hijo si ha terminado los deberes. "He terminado el ejercicio 2", responde él. Aunque esta afirmación pueda ser cierta, no resuelve el problema de la finalización de los deberes. Aunque el hijo hubiera dicho la verdad a su madre, podría haberla engañado, porque el ejercicio 2 era sólo una pequeña parte de sus deberes.

Lo mismo ocurre con los mitos convincentes sobre la inversión. Es fácil ser víctima de ideas financieras erróneas debido a los muchos componentes móviles y posibilidades imprevistas. Los inversores suelen dejarse engañar por estos mitos, malentendidos y casi mentiras, lo que les lleva a tomar decisiones financieras insensatas.

Por lo tanto, comprender las diferencias entre los mitos y la realidad de la inversión es la clave para convertirse en un buen inversor. En esta sección describiremos los siete principales mitos de inversión para que no caigas en ellos.

Mito 1: Es demasiado arriesgado:

La inversión conlleva riesgos, sí. Por eso siempre va acompañada del descargo de responsabilidad: "Puede que no recuperes lo que inviertes".

INTRODUCCIÓN A LA INVERSIÓN

¿Aun así es demasiado peligroso? Antes de responder, debemos investigar cómo funciona el riesgo y qué puede implicar.

Se puede utilizar una escala de riesgo para clasificar todas las inversiones. Las inversiones de alto riesgo y volátiles, como las apuestas de cobertura, se sitúan en el extremo de la escala. No son para tímidos, ya que el valor de la inversión inicial puede fluctuar mucho. Esto implica que puedes obtener grandes beneficios o perderlo todo. No recomendamos este tipo de inversión.

En el extremo más bajo del espectro se encuentran algunas inversiones de riesgo extremadamente bajo etiquetadas como "cautelosas". Invierte en una de ellas y, aunque haya riesgo, es poco probable que el valor cambie mucho. Como resultado, es posible que con el tiempo experimentes un viaje más suave y tranquilo.

Hay una inversión para cada apetito de riesgo, desde el conservador al atrevido y todo lo que hay en medio. Comprender los riesgos que conlleva y cómo podrían variar con el tiempo es crucial. De este modo, podrás decidir cuánto riesgo es apropiado.

¿Por qué arriesgarte? En pocas palabras, podrías proporcionar a tu dinero más potencial de crecimiento que los ahorros en efectivo.

Mito 2: Tienes que ser rico:

A pesar de que solía ser así, ahora puedes empezar a invertir con menos dinero del que podrías prever. Y ahora es más fácil que nunca gracias a las aplicaciones para smartphones, las plataformas de fondos en línea y los servicios de asesoramiento sobre inversión en línea.

Puedes empezar a invertir en línea o utilizando nuestra aplicación de banca móvil con una aportación única de 50 £ si dispones de una cuenta de ahorro elegible o activa. Existen otros requisitos previos para ser elegible.

Se aplica una comisión trimestral del 0,25 por ciento anual a la cuenta, así como comisiones continuas equivalentes al 0,25 por ciento del valor de tus inversiones.

Antes de presentar tu solicitud, tendrás acceso al desglose de estos gastos.

Mito 3: Debes guardar tu dinero bajo llave:

Es probable que te hayas encontrado con frases como "Debes tratar de mantenerla durante al menos cinco años" o "Una inversión debe considerarse un compromiso a medio o largo plazo". Esto se debe al hecho de que la probabilidad de que se suavicen los inconvenientes aumenta cuanto más tiempo se mantenga una inversión.

Esto no implica que tengas que guardar físicamente tu dinero. La mayoría de las inversiones no inmovilizan tu dinero ni cobran comisiones cuando vendes. Siempre tendrás acceso a tu dinero.

Una inversión no debe considerarse del mismo modo que una cuenta de ahorros. Las retiradas anticipadas podrían tener un impacto negativo en tus resultados. Evita verte obligado a vender durante un desplome del mercado, ya que tus inversiones pueden valer menos de lo que invertiste.

Antes de invertir, deberías reservar entre tres y seis meses de gastos en un fondo de emergencia. Así, podrás utilizar tu dinero para arreglar tu automóvil si se avería mientras los mercados están alborotados. De este modo, puedes dejar que tus activos crezcan mientras das tiempo a que los mercados se estabilicen.

Mito 4: Hay que ser un profesional:

Debes investigar y vigilar los mercados si decides invertir en acciones. Esto se debe a la posibilidad de sufrir pérdidas financieras si la empresa en la que inviertes obtiene malos resultados. El estado general de la economía, los tipos de interés y la oferta y la demanda influirán en el precio de las acciones.

Pero la compra de acciones no es la única opción de inversión. Los fondos pueden ser un buen punto de partida si es la primera vez que inviertes. Adquirir un fondo es similar a comprar una cesta de inversión ya preparada. Distribuyen los fondos entre numerosas inversiones, lo que equivale a no poner todos los huevos en una cesta.

Invertir en fondos en lugar de en acciones individuales de una sola empresa puede reducir el riesgo. De este modo, un mayor rendimiento de una podría compensar un menor rendimiento de otra. Este método de distribución del riesgo se denomina "diversificación".

El hecho de que los fondos sean elaborados por un gestor de fondos, un profesional financiero experto, es posiblemente la mejor parte de invertir en ellos. Básicamente, pagas a un profesional para que invierta en tu nombre. Los gastos pagados al gestor del fondo se descuentan directamente de la inversión.

Mito 5: Debes vigilar tus inversiones todos los días:

¿Sigues de cerca los mercados? Lo más probable es que tengas cosas mejores que hacer con tu tiempo. Éste es otro de los factores que hacen de las carteras predefinidas una opción de inversión viable. Están gestionadas por expertos para garantizar que se mantienen en el nivel de riesgo que especifiques. Puedes realizar una inversión con una cartera preconfeccionada y, a continuación, básicamente, configurarla y olvidarte de ella. Para comprobar su evolución, basta con echar un vistazo de vez en cuando.

Aunque inviertas en acciones y adoptes una estrategia práctica, no tienes por qué hacer un seguimiento diario. La mayoría de los proveedores de comercio de acciones en línea ofrecen funciones que te ayudarán a hacerlo. Configurando las notificaciones de precios de las acciones, tu teléfono sonará cada vez que una acción suba por encima o por debajo de un nivel determinado.

Mito 6: Hay que saber cuándo hacer una compra:

Existe la creencia de que para beneficiarse de los mercados hay que comprar acciones cuando están baratas y venderlas con beneficios. Los inversores pueden necesitar mucho tiempo y esfuerzo para determinar cuándo el precio de una acción ha tocado techo o fondo.

Pero hay muchas cosas que afectan al mercado de valores. Los resultados son esencialmente imposibles de predecir. Lo crucial es empezar cuanto antes y seguir invirtiendo el mayor tiempo posible. Habrá algunas caídas y posiblemente algunos años difíciles, pero si no te ves obligado a vender durante una caída (véase el mito 3), podrás capear cualquier temporal.

INTRODUCCIÓN A LA INVERSIÓN

Considera tu horizonte de inversión antes de tomar una decisión. Una mayor volatilidad puede ser manejable si tu horizonte temporal es más largo, porque tendrás más tiempo para recuperarte de cualquier mínimo.

Por ejemplo, te convendría hacer una inversión conservadora si te quedan cinco años para jubilarte. Podrías ser más atrevido si tuvieras al menos diez años con los que jugar. Una vez más, si no estás seguro de qué es lo mejor para ti, puedes pedir consejo a un experto financiero. Se aplican comisiones y requisitos de elegibilidad.

Mito 7: Es una forma fácil de hacerse rico:

Los influencers en las redes sociales pueden afirmar que es fácil beneficiarse de operaciones arriesgadas. Pero no caigas en la trampa. Piensa en lo que ocurrió durante la burbuja de Dotcom a finales de los 90 y lo que ha ocurrido con las criptomonedas en los últimos años.

En general, los mercados favorecen a los inversores a largo plazo. Te ayudará tener disciplina, paciencia y la cabeza fría y tranquila, en lugar de pasión, para que tus inversiones prosperen.

2

Construir una base financiera sólida

No estás solo si establecer prioridades financieras te parece una tarea intimidante. Muchas personas posponen la gestión de su dinero porque no saben por dónde empezar: ¿Debo contratar un seguro de vida o maximizar mis ahorros para la jubilación? ¿Qué debo priorizar: ahorrar para una casa o para la universidad de mi hijo?

Las tareas financieras pueden dividirse en segmentos más pequeños y manejables para facilitar la planificación. Al crear una hoja de ruta financiera para ti y tu familia, ten en cuenta lo siguiente.

Fíjate objetivos financieros que puedas cumplir

CONSTRUIR UNA BASE FINANCIERA SÓLIDA

El objetivo financiero implica cualquier estrategia que tengas para gestionar tu dinero. Puedes establecer objetivos financieros a corto y largo plazo, como ahorrar 1.000 dólares o invertir para la jubilación. Todas las áreas de tu vida deberían tener objetivos, pero unos objetivos financieros claros te permiten poner tu dinero donde está tu boca.

Además, no puedo hablar de objetivos financieros sin mencionar los Pasos de Bebé. Tomar decisiones financieras puede ser tan difícil como decidir qué ver en Netflix. Hay muchas opciones y cada uno tiene sus preferencias.

¿Necesitas pagar una deuda? ¿Guardar dinero para la universidad de tus hijos? ¿Comprar una casa? ¿Invertir para el futuro? El camino para completar todas esas tareas queda patente en los 7 Pasos de Bebé, que cortan el caos. Te ayuda a concentrarte en un objetivo cada vez para lograr más progresos con tu dinero y disfrutar de la calma financiera. Así que, si no sabes cómo fijar objetivos financieros, ten en cuenta lo siguiente.

1. Intenta evitar fijarte objetivos demasiado ambiciosos:

Puede resultar fácil sentir que debes alcanzar todos tus objetivos financieros a la vez, como llegar al máximo de tus aportaciones para la jubilación, amortizar totalmente tus deudas y recortar tus gastos discrecionales para aumentar tus ahorros. Sin embargo, si te fijas objetivos que probablemente estén fuera de tu alcance actual, puedes sentirte defraudado si no los alcanzas.

La mentalidad del "todo o nada" es una de las dificultades a la hora de fijarse objetivos. Es un punto de vista extremo, y cuando actuamos de ese modo, nos exponemos al fracaso porque no tenemos en cuenta todas las zonas grises de la vida. No será fácil revisar tu presupuesto y asegurarte de que tienes 500 dólares extra cada mes si tu objetivo es ahorrar 500 dólares pero ni siquiera has empezado a ahorrar 50 dólares al mes.

Aunque tus objetivos parezcan pequeños, como ahorrar $50 al mes, hacerlo te ayudará a desarrollar sólidas habilidades de gestión del dinero que podrás mantener a largo plazo. Si cumples tus objetivos actuales, te sentirás impulsado a avanzar hacia metas mayores.

2. Concéntrate en provocar cambios progresivos:

Centrarte en objetivos que te permitan evolucionar con el tiempo te ayudará a evitar fijarte otros demasiado agresivos. Una táctica es comprometerte a hacer algo como: "Voy a aumentar mis ahorros un 1% y, cada pocos meses, revisaré mi presupuesto y aumentaré mis ahorros otro 1%". Más insostenible que hacer lo contrario es pasar de no ahorrar nada a ahorrar una suma importante de dinero.

Además, es importante recordar que las cosas pueden cambiar. Podrías gastar más dinero en unos meses que en otros debido a ocasiones señaladas como vacaciones, cumpleaños y bodas. Otros meses puede que gastes menos. Por ello, es fundamental que tengas un poco de clemencia y empieces por hacer pequeños cambios beneficiosos en tu forma de gastar el dinero. Además, cuando tus ingresos y tu presupuesto aumenten con el tiempo, es posible que dispongas de margen adicional para avanzar aún más hacia tus objetivos a largo plazo.

3. Reconoce que siempre ocurrirán imprevistos financieros:

CONSTRUIR UNA BASE FINANCIERA SÓLIDA 19

Puede parecer estupendo avanzar hacia cualquier objetivo financiero, como saldar la deuda de la tarjeta de crédito, hasta que necesitas volver a utilizarla en caso de emergencia y el ciclo de pago comienza de nuevo. Incluso cuando has logrado un objetivo importante, la gestión de tu dinero sigue implicando muchas emociones, ya que podrías sentir una presión adicional para mantenerlo. Cuando parece que siempre hay nuevos gastos que se te escapan, puede resultar difícil conseguirlo.

Con el dinero, siempre surgen imprevistos. Resulta más fácil cuanto antes lo aceptemos como un hecho. Quizá se te rompa el coche o recibas una factura por sorpresa. Sería de gran ayuda que lo incorporaras a tu plan financiero para evitar que te pille desprevenido e impedir que tu progreso se detenga.

Crear un fondo de emergencia es una forma de estar preparado para gastos imprevistos. Puedes utilizar el dinero de tu fondo de emergencia, que es una cuenta de ahorros separada, para pagar cualquier gasto imprevisto. De este modo, podrás hacer frente a un pago inesperado o a una reparación urgente del coche sin endeudarte demasiado.

Los profesionales financieros suelen aconsejar depositar los fondos de emergencia en cuentas de ahorro de alto rendimiento, que permiten ganar más intereses mensuales que los bancos convencionales. Con este método, aunque no hagas aportaciones periódicas, tu dinero seguirá aumentando más rápidamente.

<u>4. Determina qué es lo más práctico para ti en función de tu presupuesto:</u>

Conocer tus gastos y patrones de gasto es el último consejo, y posiblemente el más importante, para crear objetivos financieros realistas. Así podrás fijarte metas adecuadas a tus circunstancias.

Hacer un seguimiento de tus gastos y cargos puede no ser especialmente reconfortante, sobre todo si nunca lo has hecho antes. Es posible que decidas concentrarte en este objetivo financiero en 2024 si nunca antes has hecho un plan de gastos mensual.

Otras estrategias incluyen revisar tus extractos bancarios y elaborar una lista de tus gastos mensuales. Como alternativa, puedes utilizar una aplicación de presupuestación como Mint o Empower (antes Personal Capital), que pueden conectarse a tus cuentas bancarias, cuentas de inversión y otras cuentas financieras. Una herramienta presupuestaria automatizada hará un seguimiento de tus transacciones y las clasificará para que puedas ver en qué gastas más dinero en general.

Después, podrás deliberar sobre dónde reducir (o incluso aumentar) tus gastos y cómo distribuir el dinero para alcanzar tus nuevos objetivos.

El poder del ahorro y el interés compuesto

El interés compuesto es tu mejor amigo, y el tiempo es tu bien más preciado a la hora de invertir. Si acabas de empezar a trabajar o estás empezando a buscarte la vida pero no estás seguro de lo que significa el término "interés compuesto" de la última línea, has llegado al lugar adecuado.

Como joven, estás en una posición inmejorable para empezar a hacer que tu dinero trabaje para ti. ¿Por qué? Puesto que el crecimiento se acelera con el tiempo y aún te queda mucho camino por recorrer, ahorrar ahora te compensará enormemente a largo plazo. Aquí tienes toda la información que necesitas sobre el interés compuesto y cómo utilizarlo en tu beneficio.

¿Qué es el interés compuesto?

Para entender el interés compuesto, primero hay que comprender el interés simple. El interés simple se refiere únicamente al interés que recibes por tus ahorros. Piensa que quieres invertir 100 dólares. Éste es tu saldo principal. Vas al banco y depositas el dinero en una cuenta de ahorro que ofrece un interés del 1%. Esto significa que después de tener tu saldo principal de $100 en ahorros durante un periodo (normalmente un año), habrás ganado $1, o el 1%, sobre tu inversión. Como esto sigue ocurriendo cada año, recibirás otro 1%, o $1, al año siguiente, y así sucesivamente. Esto es el interés simple.

Por el contrario, el interés compuesto permite que tu patrimonio aumente más rápidamente a lo largo de tu vida al pagar intereses sobre el saldo principal y los intereses acumulados a lo largo del tiempo. ¿Recuerdas haber estudiado exponentes en el colegio? Una idea relacionada es el interés compuesto.

Volvamos a los primeros 100 dólares. Imagina que depositas la misma cantidad en un banco a un interés compuesto del 1% anual. ¿En qué se diferencia eso de un tipo de interés simple? Bueno, no lo hace después del primer año. Seguirás ganando $1 más que tu saldo principal. Pero en lugar de tu depósito inicial, ese saldo principal de $100, al año siguiente empezarás a ganar un 1% de interés sobre el saldo de tu nueva cuenta de $101. Ganas $1,01 sobre el importe en lugar de 1 $, aumentando el saldo de tu cuenta a $102,01. Esos $102,01 ganan un 1% de interés al año siguiente, creciendo hasta $103,03. Esto sigue componiéndose, o creciendo, aumentando lo que ganas el año siguiente, el siguiente, y así sucesivamente.

¿Cómo funciona el interés compuesto?

El interés compuesto crece cada vez más, ya que incluye todos los intereses anteriores que se hayan acumulado. La cantidad de periodos de capitalización o de años que lleves ahorrando marca una gran diferencia, por lo que debes empezar a invertir lo antes posible.

Aumentará si depositas dinero en una cuenta que devenga intereses compuestos y lo dejas allí. En el ejemplo anterior, hiciste una inversión de 100 dólares y dejaste que el interés compuesto se encargara del resto. Sin embargo, si añadieras constantemente más dinero al saldo principal de tu cuenta (por ejemplo, cada trimestre, mes o periodo de pago), tu dinero podría empezar a trabajar realmente para ti.

Por supuesto, cuando se es joven y se empieza desde cero con las finanzas, no es fácil imaginarse ahorrando dinero de forma constante. Pero hacerlo tiene una auténtica ventaja. Desde una edad temprana, invertir una pequeña suma cada mes, aunque sólo sean 100 dólares, tiene el potencial de convertirse en una importante suma de dinero de la que podrás depender cuando llegue el momento de la jubilación.

¿Cómo se manifiesta el interés compuesto en el mundo real?

En el mundo real, el interés compuesto variará en función de la tasa de rendimiento, el lugar en el que inviertas tu dinero y la cantidad que ahorres.

CONSTRUIR UNA BASE FINANCIERA SÓLIDA

Considera la siguiente ilustración:

El Inversor Uno, Charlie, empezó a ahorrar cuando tenía 25 años. Ahorró $1.000 mensuales durante diez años, hasta los 35 años. Después dejó de ahorrar, pero mantuvo el dinero en su cuenta de inversión, que siguió creciendo a un ritmo del 1,5% hasta que se jubiló a los 65 años.

La Inversora Dos, Molly, empezó a ahorrar a los 35 años. Además, ahorró $1.000 mensuales durante diez años, hasta que cumplió 45 años. Hizo lo mismo que Charlie y guardó el dinero en su cuenta de inversión, que creció a un ritmo del 1,5% hasta los 65 años.

Max, el tercer inversor, empezó a invertir a los 45 años. Al igual que los demás, ahorró $1.000 al mes durante diez años antes de dejar de ahorrar a los 55 años y dejar que su dinero creciera a un tipo del 1,5% hasta los 65 años.

Durante diez años, cada uno de los tres inversores puso la misma cantidad, 120.000 dólares, en sus ahorros. Pero cuando empezaron a ahorrar, los resultados de sus jubilaciones fueron muy diferentes. Al final, Charlie tenía 203.105 dólares ahorrados, frente a los 174.831 de Molly y los 150.492 de Max.

En pocas palabras: el interés compuesto funciona mejor cuando se invierte el dinero pronto.

¿Qué estrategia de inversión me conviene más?

¿Qué debes hacer ahora con tu dinero? Los beneficios del interés compuesto pueden crecer aún más rápido si inviertes en una cuenta de jubilación con ventajas fiscales o si no tributas por el dinero hasta que lo retires en la jubilación. Si trabajas a jornada completa, el lugar más sencillo para empezar es hacer aportaciones al plan 401(k) de tu empresa, una popular cuenta de ahorro para la jubilación con ventajas fiscales. Tendrás la oportunidad de empezar a ahorrar para el futuro a medida que te hagas mayor a través de cuentas de jubilación como las IRA y las Roth IRA. Pero, por ahora, podría tener más sentido hablar con un adulto en tu vida sobre las diversas cuentas de ahorro a las que puedes acceder si todo lo que haces es cuidar niños después de la escuela o trabajar como salvavidas los sábados en la piscina.

Wintrust puede ayudar en esta situación. Los jóvenes inversionistas pueden acceder a excelentes opciones de cuentas de Wintrust, tu mejor banco comunitario, y a herramientas y recursos de educación financiera. Wintrust puede ayudarte si tienes preguntas sobre qué es lo mejor para ti. A través de un plan de ahorro adecuado a tus necesidades particulares, sus asesores pueden ayudarte a alcanzar tus metas. Conéctate con un banquero local de Wintrust para posicionarte para el futuro.

3

Introducción a las acciones

Cuando se compran acciones, se apuesta por el éxito y el crecimiento a largo plazo de la empresa. Una de las mejores maneras para que los principiantes aprendan a invertir en acciones es haciendo un depósito en una cuenta de inversión en línea que luego puede utilizarse para comprar acciones o fondos de inversión en acciones.

Por el precio de una acción, puedes empezar a invertir abriendo una cuenta de corretaje. Algunos corredores de bolsa también ofrecen la posibilidad de operar con papel, lo que te permite practicar con acciones utilizando simuladores bursátiles antes de realizar una inversión con dinero real.

Explorando los distintos tipos de acciones

Históricamente, la inversión en bolsa es una de las vías clave hacia el éxito financiero. Cuando busques valores, a menudo oirás que se describen en varias categorías y clasificaciones de valores. Estos son los principales tipos de valores que debes conocer.

Acciones preferentes y ordinarias

Las acciones ordinarias constituyen la mayoría de las inversiones en acciones. Los accionistas de acciones ordinarias, que representan un componente de la propiedad de una empresa, tienen derecho a una parte proporcional del valor de los activos si la empresa se disuelve. Los accionistas de acciones ordinarias tienen un potencial alcista teóricamente ilimitado; sin embargo, también corren el riesgo de perderlo todo si la empresa quiebra sin que queden activos.

En cambio, las acciones preferentes otorgan a los propietarios el derecho a recuperar una cantidad específica de dinero en caso de disolución de la empresa antes que los accionistas ordinarios. Además, los accionistas preferentes tienen derecho al reparto de dividendos antes que los accionistas ordinarios. En general, esto hace que las acciones preferentes tengan más en común con las inversiones en bonos de renta fija que las acciones ordinarias estándar como inversión. A menudo, las empresas sólo venden acciones ordinarias. Esto tiene sentido porque los accionistas suelen querer adquirirlas.

Acciones de gran, mediana y pequeña capitalización

La capitalización bursátil de las acciones se refiere a la cantidad de dinero que valen las acciones colectivamente. Las empresas con mayor capitalización bursátil se denominan valores de gran capitalización, mientras que las empresas sucesivamente más pequeñas están representadas por valores de mediana y pequeña capitalización.

Estos grupos no están bien delimitados entre sí. Sin embargo, un criterio utilizado con frecuencia establece que las acciones se consideran de gran capitalización si su capitalización bursátil es igual o superior a 10.000 millones de dólares, de mediana capitalización si su capitalización bursátil se sitúa entre 2.000 y 10.000 millones de dólares, y de pequeña capitalización si su capitalización bursátil es inferior a 2.000 millones de dólares.

Los valores de mediana y pequeña capitalización ofrecen un mayor potencial de crecimiento futuro, pero son más arriesgados que los de gran capitalización, que suelen considerarse inversiones más seguras y conservadoras. Pero el hecho de que dos empresas estén agrupadas aquí no indica que sean inversiones similares o que vayan a tener un rendimiento parecido en el futuro.

Mercados bursátiles nacionales y extranjeros

Las acciones pueden agruparse según su ubicación. La mayoría de los inversores tienen en cuenta la ubicación de la sede oficial de la empresa para distinguir las acciones estadounidenses de las extranjeras.

Es fundamental tener en cuenta que la clasificación geográfica de una acción no siempre se corresponde con la región de la que la empresa obtiene sus ventas. Un ejemplo clásico es Philip Morris International (PM 0,34%), que tiene su sede en Estados Unidos pero vende todos sus cigarrillos y otros productos completamente en el extranjero. Puede ser difícil determinar el verdadero estatus nacional o internacional de una empresa basándose en las operaciones comerciales y los datos financieros, especialmente en el caso de las grandes empresas multinacionales.

Acciones de valor y acciones de crecimiento

Otra técnica de categorización distingue dos estrategias de inversión comunes. Los inversores en crecimiento suelen buscar empresas cuyas ventas y rentabilidad aumentan rápidamente. Los inversores en valor buscan empresas cuyas acciones estén infravaloradas, ya sea en comparación con sus rivales o con su cotización histórica.

Las acciones de crecimiento suelen conllevar mayores niveles de riesgo, pero las recompensas potenciales pueden ser muy atractivas. Las empresas con una demanda elevada y creciente por parte de los clientes, especialmente en relación con los cambios sociales a largo plazo que fomentan el uso de sus productos y servicios, son valores de crecimiento exitosos. Sin embargo, la competencia puede ser dura, y si los competidores socavan las operaciones de un valor de crecimiento, puede perder popularidad rápidamente. La preocupación de los inversores por la disminución del potencial de crecimiento a largo plazo puede hacer que incluso una ligera ralentización del crecimiento provoque una rápida caída de los precios.

En cambio, los valores se consideran compras más prudentes. Suelen ser empresas consolidadas y conocidas que ya se han convertido en líderes del mercado y no tienen tanto margen de crecimiento. Sin embargo, pueden ser opciones ideales para quienes buscan una mayor estabilidad de precios sin dejar de obtener algunos de los beneficios de la exposición a la renta variable, ya que cuentan con estructuras empresariales fiables que han resistido el paso del tiempo.

Acciones OPI/OPV

Las acciones de OPI/OPV son acciones de empresas que acaban de realizar una oferta pública inicial. Cuando una nueva empresa sale a bolsa, los inversores que desean invertir pronto en una buena idea de negocio suelen estar bastante entusiasmados. Sin embargo, también pueden ser arriesgadas, sobre todo si la comunidad inversora está dividida sobre su potencial de desarrollo y beneficio. Tras salir a bolsa, una acción suele mantener su estatus de OPV durante al menos un año y hasta dos o cuatro años.

Acciones con y sin dividendos

Muchos valores pagan regularmente dividendos a sus accionistas. Dado que los dividendos ofrecen importantes ingresos a los inversores, las acciones con dividendos son muy apreciadas en varios ámbitos financieros. Una sociedad anónima se considera una acción con dividendos si paga incluso $0,01 por acción.

Sin embargo, hay acciones que están exentas de la obligación de pagar dividendos. Las acciones que no pagan dividendos pueden ser inversiones sólidas si sus precios suben. Aunque la tendencia de los últimos años ha sido que más acciones paguen dividendos a sus accionistas, algunas de las mayores corporaciones del mundo siguen sin pagar dividendos.

Acciones de renta variable

Dado que la mayoría de las empresas reparten ingresos en forma de dividendos, las acciones de renta son simplemente otro nombre para las acciones de dividendos. Sin embargo, las acciones de empresas con modelos de negocio más consolidados y relativamente menos potencial de crecimiento a largo plazo también se denominan acciones de renta. Las acciones de renta son populares entre las personas que se jubilan o están a punto de jubilarse, ya que son las más adecuadas para los inversores conservadores que desean retirar efectivo de sus carteras de inversión de forma inmediata.

Acciones cíclicas y no cíclicas

Las economías nacionales suelen experimentar ciclos expansivos y contractivos, épocas de auge y crisis. Los inversores se refieren a ciertas empresas como valores cíclicos porque son más vulnerables a los ciclos económicos generales.

Las acciones de empresas dedicadas a la fabricación, los viajes y los productos de lujo son ejemplos de valores cíclicos porque una recesión de la economía podría mermar la capacidad de los consumidores para realizar grandes compras con rapidez. Sin embargo, cuando las economías son fuertes, un aumento de la demanda puede hacer que estas empresas se recuperen rápidamente.

Las empresas no cíclicas, normalmente denominadas valores seculares o defensivos, no experimentan esas fluctuaciones significativas de la demanda. Las empresas de comestibles son un ejemplo de valores no cíclicos, ya que la gente sigue necesitando comer tanto si la economía va bien como si va mal. Mientras que los valores cíclicos suelen prosperar durante las fases alcistas del mercado, los valores no cíclicos suelen tener mejores resultados durante las fases bajistas.

Acciones seguras

Los valores seguros tienen cotizaciones que fluctúan menos que el conjunto del mercado bursátil con altibajos. Las empresas seguras, a veces denominadas acciones de baja volatilidad, suelen operar en sectores de la economía que están

INTRODUCCIÓN A LAS ACCIONES

menos sujetos a los cambios de las condiciones económicas. Además, suelen repartir dividendos, y estos ingresos pueden utilizarse para contrarrestar la caída del valor de las acciones en tiempos difíciles.

Acciones sectoriales

Las acciones suelen clasificarse según el sector al que pertenecen. Los sectores bursátiles figuran entre las principales clasificaciones que se utilizan con más frecuencia:

- **Comunicación** - Proveedores de servicios de Internet, medios de comunicación, telefonía y ocio

- **Consumo discrecional** - Minoristas, fabricantes de automóviles, cadenas de hoteles y restaurantes y otras empresas

- **Bienes de consumo básico** - Fabricantes de alimentos, bebidas, tabaco, productos domésticos y personales

- **Energía** - Empresas dedicadas al descubrimiento y producción de petróleo y gas, proveedores de oleoductos y gasoductos y propietarios de gasolineras

- **Instituciones financieras** - Bancos, prestamistas hipotecarios, proveedores de seguros y empresas de corretaje

- **Sanidad** - Fabricantes de dispositivos médicos, empresas de medicina y biotecnología, y seguros de enfermedad

- **Industrial** - Empresas ferroviarias, de aviación, construcción, logística, aeroespacial y defensa

- **Materiales** - Empresas mineras, forestales, de suministros para la construcción, envasadoras y químicas

- **Bienes inmuebles** - Empresas de mantenimiento y promoción inmobiliaria, así como fondos de inversión inmobiliaria

- **Tecnología** - Empresas proveedoras de hardware, software, semiconductores, equipos de comunicaciones y servicios informáticos

- **Servicios públicos** - Empresas de electricidad, gas natural, agua, energías renovables y servicios multiproducto

Acciones ESG

La inversión ESG es una filosofía de inversión que hace hincapié en cuestiones medioambientales, sociales y de gobernanza. Los principios ESG tienen en cuenta los efectos colaterales adicionales sobre el medio ambiente, los empleados de la empresa, los clientes y los derechos de los accionistas, en lugar de centrarse únicamente en si una empresa obtiene beneficios y aumenta sus ingresos con el tiempo.

La inversión socialmente responsable, o ISR, está vinculada a la normativa que regula la ESG. Los inversores ISR eliminan las acciones de empresas que no se alinean con sus creencias fundamentales. Sin embargo, la inversión ESG tiene un aspecto más ventajoso, ya que promueve activamente la inversión en las empresas que obtienen los mejores resultados, en lugar de limitarse a rechazar las que no superan pruebas importantes. El tema es muy interesante porque la investigación ha demostrado que la adhesión a los principios ESG puede aumentar el rendimiento de las inversiones.

Acciones Blue Chip

También hay categorías de valores que toman decisiones basadas en la calidad percibida. Las empresas Blue Chip suelen ser lo mejor de lo mejor en el mundo empresarial, dominan sus respectivos sectores y se han forjado una sólida reputación. Aunque normalmente no ofrecen los máximos beneficios posibles, los inversores con menor tolerancia al riesgo las eligen por su consistencia.

Cómo invertir en bolsa

Invertir es un método probado para hacer que el dinero trabaje para ti mientras intentas ganar más dinero. Warren Buffett, un famoso inversor, caracterizó la inversión como "renunciar al consumo ahora para tener la capacidad de consumir más después".

Puedes aumentar tu dinero varias veces si inviertes constantemente tu dinero. Debido a esto, es crucial empezar a invertir tan pronto como tengas dinero reservado para este fin. Además, un lugar fantástico para empezar es el mercado de valores.

Puedes empezar tanto si tienes 1.000 dólares ahorrados como si simplemente puedes permitirte 25 dólares más a la semana. Recuerda que hay mucho que puedes y debes aprender sobre la inversión en bolsa si quieres tener éxito financiero; sigue leyendo para conocer el procedimiento para iniciar este proceso.

1. Establece tu nivel de tolerancia al riesgo:

¿Cuál es tu tolerancia al riesgo, o hasta qué punto estás dispuesto a asumir la posibilidad de perder dinero si inviertes? Las acciones pueden dividirse en varias categorías: acciones de valor, acciones de crecimiento agresivo, acciones de alta capitalización y acciones de pequeña capitalización. Cada una de ellas presenta distintos grados de riesgo. Puedes centrar tus esfuerzos de inversión en las acciones que complementen tu tolerancia al riesgo una vez que la hayas establecido.

2. Elige tus objetivos de inversión:

Determina también tus objetivos de inversión. Un corredor de bolsa en línea como Charles Schwab o Fidelity te preguntará por tus objetivos de inversión y por el grado de riesgo que estás dispuesto a asumir al abrir una cuenta de corretaje. Un objetivo de inversión puede ser aumentar la cantidad de dinero en tu cuenta si acabas de iniciar tu profesión. Puede que desees ganar dinero y construir y salvaguardar tu patrimonio si es mayor.

Tus objetivos de inversión pueden ser ahorrar para la universidad, comprar una casa o apoyar tu jubilación. Los objetivos pueden evolucionar. Sólo tienes que tener cuidado de identificarlos y revisarlos de vez en cuando para mantenerte centrado en su consecución.

3. Elige una estrategia de inversión:

Mientras que a algunos inversores les gusta hacer y olvidarse, otros desean gestionar su dinero de forma activa. Aunque tu elección puede variar, elige una estrategia para ponerte en marcha. Podrías gestionar tus inversiones y tu cartera de forma independiente si confías en tus conocimientos y ha-

INTRODUCCIÓN A LAS ACCIONES

bilidades en la materia. Puedes invertir en bonos, acciones, fondos cotizados en bolsa (ETF), fondos indexados y fondos de inversión utilizando corredores de Internet tradicionales como los dos descritos anteriormente.

Puedes contar con la ayuda de un corredor o asesor financiero experimentado para elegir tus inversiones, gestionar tu cartera y realizar ajustes en ella. Se trata de una opción magnífica para principiantes que reconocen el valor de la inversión pero desean la ayuda de un profesional. Los roboasesores, una alternativa automatizada y no intervencionista a trabajar con un agente o asesor financiero, suelen ser más baratos. Tus objetivos, nivel de tolerancia al riesgo y otra información son recogidos por un programa de roboasesor, que luego invierte automáticamente por ti.

<u>4. Selecciona una cuenta de operaciones:</u>

Plan de jubilación en el lugar de trabajo

Si tu lugar de trabajo dispone de un plan de jubilación como el 401(k), puedes invertir a través de él en varios fondos de inversión en acciones y bonos y en fondos con fecha objetivo. También puede ofrecerte la posibilidad de comprar acciones de la empresa.

Tras inscribirte en un plan, contribuyes automáticamente al nivel especificado. En tu nombre, las empresas podrían hacer donaciones de contrapartida. El saldo de tu cuenta crece con impuestos diferidos y tus donaciones son desgravables. Se trata de un método excelente para aumentar el rendimiento de tus inversiones con poco trabajo. Además, puede enseñar a los inversores la disciplina de la inversión constante.

Cuenta imponible o cuenta IRA de una agencia de valores

Además de tener un plan en el lugar de trabajo, puedes empezar a invertir en acciones creando una cuenta de jubilación individual. También puede optar por una cuenta de corretaje estándar sujeta a impuestos. Normalmente dispones de una amplia gama de posibilidades de inversión en acciones. Entre ellas puede haber acciones individuales, fondos de inversión en acciones, fondos cotizados en bolsa (ETF) y opciones sobre acciones.

Una cuenta con un roboasesor

Como ya se ha mencionado, una cuenta de este tipo crea una cartera de valores para ti en función de tus objetivos de inversión.

5. Aumenta tu diversidad para reducir el riesgo:

Comprender la diversificación en las inversiones es crucial. En pocas palabras, la inversión en varios activos, o diversificación, reduce el riesgo de que el rendimiento de una inversión afecte materialmente al rendimiento de toda tu cartera de inversiones. Podría interpretarse como una forma de evitar poner todos los huevos en la misma cesta.

La diversificación puede ser un reto si tu presupuesto es ajustado al invertir en acciones individuales. Por ejemplo, es posible que sólo puedas invertir en una o dos empresas con sólo 1.000 dólares. En consecuencia, el riesgo es mayor.

Los fondos de inversión y los ETF pueden ser útiles en esta situación. Ambos tipos de fondos suelen tener la mayoría de las acciones y otras inversiones. Como resultado, ofrecen mayor diversificación que una sola acción.

4

El mundo de los fondos indexados

La preocupación de los inversores acerca de la capacidad de los gestores de fondos para obtener los mejores rendimientos de sus inversiones en fondos de inversión les lleva cada vez más a elegir productos de gestión pasiva, como los fondos indexados. Antes de plantearte invertir en fondos indexados, este capítulo te proporcionará toda la información que necesitas sobre ellos.

¿Qué es un fondo indexado y cómo funciona?

Un fondo indexado es un fondo de inversión que invierte en valores que se asemejan mucho a los de un índice de mercado específico. Esto sugiere que el rendimiento del plan será coherente con el índice de referencia que supervisa.

Un índice es una colección de valores que caracteriza a un sector específico del mercado. Los fondos indexados se consideran de gestión pasiva, ya que siguen un índice determinado. Los valores negociados en un fondo de gestión pasiva se basan en el índice de referencia subyacente. Además, los fondos de gestión pasiva no necesitan un grupo profesional de especialistas en investigación para detectar oportunidades y seleccionar los mejores valores.

Un fondo indexado se crea para replicar el rendimiento de su índice, a diferencia de un fondo gestionado activamente, que trabaja más y más duro para cronometrar y superar al mercado. Como resultado, los rendimientos de los fondos indexados coinciden con los del índice de mercado subyacente.

Salvo por una pequeña variación conocida como error de seguimiento, los rendimientos son aproximadamente equivalentes a los del índice de referencia. La gestión del fondo suele esforzarse por minimizar esta imprecisión.

Ventajas de comprar fondos indexados

A continuación, se enumeran algunas ventajas de las que disfrutan los fondos indexados:

1. Bajos costos:

No es necesario un equipo eficaz de analistas de investigación para ayudar a los gestores de fondos a seleccionar las mejores empresas, ya que un fondo indexado refleja su índice de referencia subyacente. Además, no hay negociación activa de acciones. Todos estos elementos minimizan los costes de gestión de un fondo indexado.

2. Inversión imparcial:

Los fondos indexados invierten mediante un proceso automatizado basado en leyes. El mandato del gestor del fondo especifica la cantidad que debe invertirse en fondos indexados de distintos valores. De este modo, se eliminan los juicios o prejuicios humanos a la hora de tomar decisiones de inversión.

3. Exposición generalizada:

Para garantizar que la cartera esté repartida entre todos los valores e industrias, las inversiones deben realizarse en una proporción similar a la de un índice. Así, un inversor puede utilizar un único fondo indexado para recoger los rendimientos probables del sector más amplio del mercado. Si inviertes en un fondo indexado Nifty, podrás acceder a 50 valores distribuidos en 13 industrias, desde la farmacéutica hasta los servicios financieros.

4. Ventajas fiscales de la inversión en fondos indexados:

Los fondos indexados suelen tener una rotación mínima o pocas operaciones realizadas por un gestor de fondos en un año determinado debido a su gestión pasiva. Al haber menos operaciones, se pagan menos plusvalías y dividendos a los partícipes.

5. Más fácil de controlar:

Los fondos indexados son más fáciles de gestionar, ya que los gestores no tienen que preocuparse de cómo trata el mercado a los valores que componen el índice. Lo único que tienen que hacer es reequilibrar periódicamente la cartera.

¿Quién debe invertir en fondos indexados?

A la hora de elegir fondos de inversión, hay que tener en cuenta el horizonte de inversión, los objetivos y la tolerancia al riesgo. Los inversores con aversión al riesgo deberían utilizar fondos de inversión indexados. Estos fondos no requieren una investigación y un seguimiento en profundidad. Por ejemplo, puedes elegir un fondo indexado Sensex o Nifty si deseas invertir en acciones pero no quieres exponerte a los riesgos de los fondos de renta variable gestionados activamente.

¿Qué debe tener en cuenta un inversor?

Antes de elegir invertir en fondos indexados, debes pensar en los factores que se enumeran a continuación:

1. Rentabilidad de los fondos indexados:

Los fondos indexados tratan de igualar el rendimiento del índice de mercado. No pretenden superar a los índices de referencia de los fondos gestionados activamente. Debido a problemas de seguimiento, los rendimientos generados podrían ser ocasionalmente inferiores a los del índice subyacente. El fondo indexado obtendrá mejores resultados cuanto menores sean los errores.

2. Asunción de riesgos:

Los fondos indexados son menos vulnerables a los riesgos y la volatilidad asociados a la renta variable porque representan un índice de mercado específico. Tiene sentido invertir en fondos indexados para obtener los mejores rendimientos durante una fase alcista del mercado. Sin embargo, como los fondos indexados suelen perder valor durante una caída, las cosas pueden ponerse feas. Por lo tanto, siempre es aconsejable tener en cartera una mezcla de fondos indexados gestionados activa y pasivamente.

3. Costes de inversión:

El coeficiente de gastos de los fondos indexados es, naturalmente, inferior al de los fondos de gestión activa. El gestor del fondo no está obligado a desarrollar una estrategia de inversión para los fondos indexados. Incluso un fondo con un coeficiente de gastos inferior debes recordar que tiene el potencial de producir mayores rendimientos de la inversión.

4. Los impuestos:

El reembolso de las participaciones de tu inversión en un fondo indexado da lugar a plusvalías, que están sujetas a impuestos. El periodo de tenencia, o tiempo que permanezca invertido, determina el tipo impositivo. Las plusvalías con un periodo de tenencia de hasta un año se denominan plusvalías a corto plazo (STCG) y están sujetas a un impuesto del 15% (más el recargo correspondiente y el 4% de sanidad y educación). Supongamos que el importe total de las plusvalías a largo plazo procedentes de fondos de inversión orientados a la renta variable/acciones de renta variable supera 1.000.000 en un año. En ese caso, las plusvalías a largo plazo (LTCG) procedentes de fondos mantenidos durante más de 12 meses pueden dar lugar a un impuesto sobre las plusvalías a largo plazo del 10% (más el recargo, en su caso, y el 4% de salud y educación).

5. Plazo de inversión:

Los fondos indexados están sujetos a grandes variaciones rápidamente. Si estas variaciones persisten durante mucho tiempo, podrían igualar los rendimientos de tu inversión. Por lo tanto, los fondos indexados son la mejor opción para los inversores con un horizonte temporal largo. Si decides comprar fondos indexados, debes tener paciencia para esperar a que el fondo alcance todo su potencial de rendimiento.

Cómo invertir en fondos indexados

Un fondo indexado se adhiere a un índice de mercado, que suele estar compuesto por acciones o bonos. Normalmente, los fondos indexados invierten en cada elemento que compone el índice que siguen, y cuentan con gestores de fondos cuyo trabajo consiste en garantizar que el fondo indexado tenga un rendimiento idéntico al del índice.

1. Selecciona un índice:

Con los fondos indexados, puedes seguir innumerables índices diferentes. El índice S&P 500 incluye 500 de las mejores empresas del mercado bursátil estadounidense y es el más conocido. He aquí una lista de algunos índices más destacados, organizados por el segmento de mercado que cubren:

- **Bonos** - Bloomberg Barclays Global Aggregate Bond
- **Acciones internacionales** - MSCI Emerging Markets, MSCI EAFE
- **Pequeños valores estadounidenses** - S&P Small-Cap 600, Russell 2000
- **Grandes valores estadounidenses** - Dow Jones Industrial Average, S&P 500, Nasdaq Composite

Además de estos índices amplios, los índices sectoriales y por países se centran en valores de sectores concretos, los índices de estilo destacan empresas de rápido crecimiento o valores infravalorados, y otros índices restringen la inversión en función de sus mecanismos de filtrado.

2. Elige el fondo adecuado para tu índice:

Normalmente, puedes encontrar al menos un fondo indexado que siga el índice elegido. Puede que tengas una docena de opciones para seguir índices conocidos como el S&P 500. Hazte algunas preguntas fundamentales si tienes más de una opción de fondo indexado para tu índice seleccionado. En primer lugar, ¿cuál es el fondo que mejor refleja la rentabilidad del índice? En segundo lugar, ¿qué fondo índice tiene las comisiones más bajas? En tercer lugar, ¿puedes invertir en un fondo indexado a pesar de las restricciones o limitaciones? Por último, ¿ofrece el proveedor de fondos algún otro fondo indexado que te gustaría utilizar? Las respuestas a estas preguntas te facilitarán la elección del fondo indexado ideal para ti.

3. Adquiere acciones de fondos indexados:

Puedes registrar una cuenta de corretaje para comprar y vender las participaciones de fondos indexados que desees. Por otro lado, puedes abrir una cuenta directamente con el proveedor del fondo de inversión.

Una vez más, merece la pena tener en cuenta las características y los gastos a la hora de determinar cómo comprar participaciones de fondos indexados. Registrar una cuenta de fondos directamente a través de la empresa de fondos indexados es menos costoso porque algunos corredores cobran un extra a sus clientes por comprar participaciones de fondos indexados. Sin embargo, muchos inversores mantienen sus participaciones en una única cuenta de corretaje. La opción de corretaje puede ser la mejor opción para consolidar todas tus inversiones en una sola cuenta si deseas invertir en varios fondos indexados ofrecidos por varios gestores de fondos.

Pedido de ayuda

Hola, y muchas gracias por acompañarme mientras exploramos el fascinante mundo de la inversión para principiantes. Hemos repasado juntos varias ideas y estrategias clave, y espero que ahora te sientas más preparado para tomar las riendas de tu futuro financiero.

Ahora quiero pedirte un pequeño favor que podría ser muy importante. Lo que digas en respuesta a este libro podría significar una gran diferencia para otra persona que acaba de empezar su carrera como inversor.

Imagínate a alguien intrigado y dispuesto a aprender, como lo estabas tú no hace tanto tiempo, pero que también puede sentirse abrumado o inseguro sobre por dónde empezar. Tu reseña puede ser la luz que necesitan seguir, dándoles la seguridad y la motivación que necesitan para dar ese vital primer paso.

No necesitas ser una autoridad para expresar tu opinión. Tus comentarios sinceros sobre cómo te ha beneficiado este libro, qué es lo que más te ha gustado o cualquier consejo útil que hayas aprendido por el camino serán de gran ayuda para que otros tomen decisiones acertadas.

PEDIDO DE AYUDA

Por lo tanto, si dispones de tiempo, **te agradecería enormemente que dejaras una reseña sincera.** Bastará con unas pocas frases sobre tu experiencia y cómo le ha afectado a tu forma de entender la inversión; no tiene por qué ser extenso ni complicado. Alguien que lea tus pensamientos podría encontrar la motivación que necesita para iniciar su camino hacia la independencia financiera.

Ten en cuenta que todos estamos implicados en esto. Al compartir tus conocimientos, te unes a una comunidad de personas que se animan y ayudan mutuamente a alcanzar sus objetivos financieros.

No tengo palabras para expresarte mi gratitud por tomarte el tiempo, comprometerte y querer ayudar a los demás a través de tu reseña. Tu contribución es increíblemente importante y muy valorada.

¡Feliz inversión!

5

Navegar por el mercado de opciones

Los contratos conocidos como opciones conceden al comprador el derecho, aunque no la obligación, de comprar o vender el activo a un precio determinado en una fecha concreta. Se denominan derivados porque son los activos subyacentes los que les confieren su valor. La negociación de opciones es una estrategia que los operadores emplean para especular, generar ingresos y reducir el riesgo.

A pesar de su apariencia desalentadora, la negociación de opciones proporciona ganancias sustanciales que no pueden lograrse únicamente negociando acciones y ETF. Operar con opciones implica hacer predicciones sobre el movimiento del mercado o del precio de las acciones. Antes de comprender cómo operar con opciones, entendamos cómo funcionan.

¿Cómo funciona el comercio de opciones?

En el comercio de opciones, los operadores pueden comprar una opción de compra si son alcistas con respecto al mercado y una opción de venta si desean apostar por la caída de los precios. Los operadores que compran opciones de compra fijan un precio al que comprarán las acciones más adelante. Por el contrario, los operadores que compran una opción de venta decidirán el precio al que venderán las acciones más adelante.

Operar con opciones es una técnica barata para predecir el mercado de un activo o el precio de las acciones. Esto se debe a que los operadores tendrán el derecho pero no la obligación de cumplir el contrato como comprador de una opción de compra o de venta. Los operadores pueden decidir no ejercer sus derechos si el contrato no es rentable el día de vencimiento. En este caso, sólo perderían la prima.

Para apostar a que los mercados crecen o decrecen y embolsarse rápidamente el dinero de la prima, los operadores también pueden vender la opción de compra o de venta. Sin embargo, deben cumplir su parte del trato cuando venden.

Los operadores pueden comprar tanto opciones de compra como de venta para beneficiarse inmediatamente. Cada combinación posible de opciones de compra y venta constituye una estrategia.

Tipos de estrategias de negociación de opciones

Todo operador debe estar familiarizado con las estrategias de negociación de opciones que se indican a continuación.

- **Bull Call Spread (Diferencial de compra alcista)** - es una técnica alcista en la que el operador compra una opción de compra y luego vende otra con un precio de ejercicio más alto. Tiene una perspectiva alcista del mercado y puede ganar si el precio de los valores subyacentes aumenta.

- **Bull Put Spread (Diferencial de venta alcista)** - En esta estrategia, el operador compra una opción de venta y vende otra opción de venta con un precio de ejercicio más alto. Cuando el valor del título subyacente suba, el operador se beneficiará.

- **Venta protectora Vs. Compra sintética** - En una compra sintética, el operador compra tanto el activo subyacente como una opción de venta. Si el precio del activo aumenta, las ganancias son infinitas; si disminuye, las pérdidas son sólo tan grandes como la prima pagada por la opción de venta.

- **Bear Call Spread (Diferencial de compra bajista)** - Este método de negociación bajista implica la compra de una opción de compra y la venta de otra con un precio de ejercicio inferior. Los beneficios sólo se obtienen cuando el precio del activo baja. Tanto las ganancias como las pérdidas en esta técnica están limitadas.

- **Bear Put Spread (Diferencial de venta bajista)** - Cuando los operadores anticipan un ligero descenso en los mercados, compran una opción de venta y venden otra opción con un precio de ejercicio más bajo. Los beneficios y las pérdidas están limitados. Las ganancias resultan de una disminución en el precio del activo.

- **Compra protectora Vs. Venta sintética** - Cuando los mercados bajan, el operador se beneficia de una opción de venta sintética o de una opción de compra protectora. Este enfoque combina la compra de una opción de compra mientras se mantiene una posición corta futura. Cuando el precio cae, el beneficio es ilimitado, y la pérdida es sólo tan grande como la prima.

- **Straddle largo y corto** - Una estrategia de negociación neutral para el mercado conocida como straddle largo y corto combina opciones de compra y venta con el mismo precio de ejercicio. Un straddle largo ofrece recompensas ilimitadas y ningún riesgo. Un straddle corto, por el contrario, ofrece pérdidas infinitas, y las recompensas se limitan a la prima cobrada.

- **Estrangulamientos largos y cortos** - En un estrangulamiento largo, el operador comprará una opción de compra con un precio de ejercicio mayor que una opción de venta. Las ganancias son ilimitadas, y las pérdidas son sólo tan grandes como la prima pagada. La venta de una opción de compra con un precio de ejercicio superior al de la opción de venta se conoce como estrangulamiento corto. La pérdida es ilimitada, y el beneficio es sólo tan grande como la prima.

- **Mariposa larga y corta** - Una estrategia larga y corta que combina spreads alcistas y bajistas al tiempo que limita las ganancias y pérdidas a una cantidad determinada. Es una estrategia equilibrada con riesgos establecidos y beneficios que están limitados.

Ventajas de negociar con opciones

- **Excelentes herramientas de cobertura** - Las opciones son herramientas de cobertura eficaces, pero hay que utilizarlas adecuadamente. Con las opciones, los operadores pueden reducir el riesgo a la baja de sus acciones. Por ejemplo, si un operador posee acciones de una empresa y teme que el precio baje, puede comprar una opción de venta para reducir el riesgo de caída.

- **Rentable** - Dado que las opciones son contratos sobre activos subyacentes y no representan la propiedad, son más baratas que las acciones. Por ejemplo, un operador necesitaría invertir 10.000 dólares para comprar 100 acciones de una empresa con un precio de 100 dólares por acción. Sin embargo, puede comprar un contrato de 100 acciones de opciones por sólo $500. Los operadores pueden obtener importantes beneficios de sus apuestas utilizando los fondos restantes como consideren oportuno.

- **Potencial a corto plazo de mayores rendimientos** - Las opciones ofrecen un mayor potencial de rentabilidad superior a corto plazo que la renta variable. No obstante, el operador debe emplear las estrategias adecuadas. El porcentaje de beneficios es mayor en las opciones porque los operadores gastan menos dinero utilizando opciones y obtienen ganancias prácticamente idénticas a las obtenidas en renta variable.

Las desventajas de negociar con opciones

La negociación de opciones incluye tres decisiones: dirección, tiempo y precio, lo que puede hacerla muy difícil. Antes de poner en práctica una estrategia de opciones, los operadores deben considerar los tres factores.

- **Incertidumbre de las ganancias** - Las ganancias son inciertas porque todas las estrategias de opciones se basan en suposiciones y expectativas futuras. Sólo cuando los precios de las acciones se muevan en la dirección prevista por el operador, éste obtendrá beneficios. En caso contrario, es probable que sufra pérdidas.

- **Comisiones y tasas de negociación** - En comparación con la renta variable, la negociación de opciones conlleva gastos y costes elevados. Los costes aumentan a medida que la estrategia se complica e incluye más opciones de compra y venta.

- **Impuestos** - Dado que todas las ganancias derivadas de la negociación de opciones son a corto plazo, están sujetas al impuesto sobre plusvalías a corto plazo del 15%. En consecuencia, el operador pierde parte de las ganancias en impuestos.

Aspectos a tener en cuenta al negociar opciones

- **Pérdida** - Cuando se negocian opciones, se invierte un pequeño margen, inferior al dinero necesario para comprar las acciones. Esto puede hacer que los operadores pierdan de vista la magnitud de sus pérdidas potenciales si el mercado no se mueve a su favor.

- **Liquidez** - Tener una estrategia de salida es esencial cuando se negocian opciones. Opera sólo con opciones que tengan mucha liquidez. De lo contrario, se corre el riesgo de que los fondos se congelen y se produzcan pérdidas. Aunque una opción barata pueda parecer atractiva, a menudo es menos líquida que una costosa. Por lo tanto, es crucial equilibrar rentabilidad, accesibilidad y liquidez.

- **Cobertura** - Al principio, la negociación de opciones puede resultar muy desconcertante. Para reducir el riesgo y comprender mejor cómo funcionan las opciones, los principiantes deben combinarlas con una operación estándar. Es preferible utilizar primero las opciones con fines de cobertura. Lo ideal es que sólo las utilicen operadores experimentados para especular y obtener beneficios.

Las estrategias de opciones son más importantes cuando los operadores desean cubrirse, especular u obtener beneficios. Tanto para ganar dinero como para reducir el riesgo es necesario emplear el método adecuado.

Cómo negociar opciones

A continuación, se enumeran los pasos básicos en la negociación de opciones.

NAVEGAR POR EL MERCADO DE OPCIONES

1. Tu objetivo debe estar decidido:

Cualquiera que sea tu objetivo de negociación, necesitarás una cuenta de corretaje autorizada para negociar opciones para proceder con cualquier estrategia de opciones. Tu grado exacto de aprobación de opciones también afectará a las operaciones que puedes realizar.

2. Encontrar opciones e ideas:

¿Qué otras cualidades de una opción o valor subyacente estás buscando ahora que has determinado tu objetivo principal? El universo de operaciones puede reducirse a un número manejable de posibilidades filtrando el campo en función del precio, el volumen, la volatilidad implícita, el sector u otros criterios.

3. Comparar y analizar ideas:

Es hora de contrastar tus opciones e ideas de negociación cuando hayas encontrado unas cuantas. Comienza por evaluar los posibles riesgos y recompensas de cada opción y cómo su precio puede verse influido por variables, incluyendo cambios en el precio de la acción subyacente, días hasta el vencimiento, varios precios de ejercicio y fechas de vencimiento, y la volatilidad implícita.

4. Invertir en opciones:

¿Has decidido con qué opción vas a operar? El siguiente paso es colocar una orden en línea para construir tu posición en opciones. Introduce la información pertinente de la orden de opciones (tipo, vencimiento, precio de ejercicio, número de contratos, etc.) después de seleccionar el símbolo subyacente.

Tu orden será enviada al mercado cuando haya sido presentada.

<u>5. Control de la posición:</u>

Una vez establecida (abierta) tu posición en opciones, es aconsejable controlarla para determinar qué hacer a medida que se acerca el vencimiento, observando su valor y tendencia.

Si compraste una opción, puedes venderla antes de que venza, ejercerla, comprar o vender los valores subyacentes, o dejar que la opción venza sin valor, dependiendo del precio del activo subyacente.

Si has vendido una opción, tiene dos posibilidades: volver a comprarla para cerrar la posición o dejar que expire sin valor. Además, puedes verte obligado a aceptar cesiones si compras o vendes el valor subyacente.

6

El auge de las criptomonedas

En los últimos años, las criptodivisas han crecido en popularidad; en 2018, ¡había más de 1.600 de ellas! Además, el número sigue aumentando. Como resultado, hay un aumento en la demanda de desarrolladores de blockchain, que crean software que impulsa criptodivisas como Bitcoin. Los desarrolladores de blockchain están muy bien considerados, como lo demuestran sus salarios: un desarrollador full-stack tiene unos ingresos medios de más de 112.000 dólares, según Indeed. Incluso existe un sitio web dedicado a empleos en criptomoneda.

Tanto si estás interesado en un trabajo como desarrollador de blockchain como si solo quieres estar al día de los últimos avances en tecnología, aquí te explicamos qué es una criptomoneda y por qué es importante, para que empieces con buen pie.

¿Qué es una criptomoneda/criptodivisa?

Una criptomoneda es una cadena de información codificada que representa una unidad de cambio. Las cadenas de bloques (blockchains) son redes entre pares que actúan como libros de transacciones seguras al tiempo que mantienen un registro y organizan las transacciones de Bitcoin, como transferencias, compras y ventas. Gracias a la tecnología de cifrado, las criptomonedas pueden actuar como dinero y como sistema contable.

Una criptodivisa es un tipo de dinero virtual o digital utilizado como medio de transacción. Es muy similar al dinero real, salvo que utiliza la encriptación en lugar de tener una forma tangible.

Dado que ningún banco central u organismo controla el funcionamiento de las criptodivisas, sólo pueden introducirse unidades adicionales si se cumplen determinados requisitos. Por ejemplo, con Bitcoin sólo se pueden crear bitcoins nuevos cuando se sube un bloque a la blockchain; en ese momento, al minero se le paga en bitcoins. Una vez creado el bitcoin número 21 millones, no se podrán crear más.

¿Cómo funciona una criptomoneda?

La criptomoneda es una moneda virtual/digital que utiliza la criptografía para su seguridad. Esta característica de seguridad hace que las criptomonedas sean difíciles de falsificar. Al estar descentralizadas, las criptomonedas no están controladas por ninguna organización, como el Estado o las instituciones financieras.

Además, la tecnología de libro mayor distribuido, normalmente una cadena de bloques (blockchain), que sirve como base de datos pública de las transacciones financieras, permite el control descentralizado de cada moneda.

En 2009 se desarrolló la criptomoneda conocida como Bitcoin. El proceso de creación de una criptomoneda se denomina minería. Consiste en utilizar la potencia de los ordenadores para resolver difíciles enigmas matemáticos que validan las transacciones en la cadena de bloques, el libro de contabilidad abierto de todas las transacciones de criptodivisas. A cambio de su trabajo, los mineros reciben criptomonedas.

El comercio de criptomonedas es complejo y especulativo, y conlleva grandes riesgos. Los precios pueden cambiar en cualquier momento. Sólo los inversores selectos deberían invertir en criptomonedas debido a la volatilidad de sus precios. En consecuencia, la inversión en criptomonedas debe considerarse de alto riesgo. Conoce los riesgos asociados a la inversión antes de decidirte y busca asesoramiento financiero.

Beneficios de las criptomonedas

El coste de una transacción de criptomoneda es insignificante o inexistente, a diferencia, por ejemplo, del coste de enviar dinero de un monedero digital a una cuenta bancaria. Las transacciones no están limitadas en el tiempo y son ilimitadas tanto para las compras como para los retiros. Además, a diferencia de lo que ocurre al abrir una cuenta bancaria, para lo que se necesitan papeles y otra documentación, cualquiera puede utilizar criptodivisas.

Las transacciones internacionales de criptodivisas son incluso más rápidas que las transferencias bancarias; las transferencias bancarias tardan casi un día en trasladar dinero de un lugar a otro. Las transacciones de criptodivisas se completan en unos minutos o incluso segundos.

¿Cómo comprar criptomonedas?

Como ya se ha dicho, las criptomonedas utilizan la criptografía para proteger las transacciones y controlar la producción de nuevas unidades. Las criptomonedas son fichas digitales o virtuales. Y el dinero "fiduciario/fiat", o monedas convencionales como el dólar estadounidense o el euro, se utiliza a menudo para comprar criptomonedas. Sin embargo, las criptodivisas como Bitcoin o Ethereum también pueden utilizarse para pagarlas. Debes abrir una cartera digital para guardar tus fondos para comprar criptodivisas. A continuación, puedes comprar monedas en una bolsa de criptodivisas utilizando tu dinero fiduciario u otra criptodivisa.

Hay varias opciones para comprarlas.

Para comprar Bitcoin con una tarjeta de crédito/débito, transferencia bancaria u otro método de pago, utiliza una bolsa de criptomonedas en línea como Coinbase, Binance o Kraken.

Puedes comprar criptodivisas directamente a otros usuarios a través de una plataforma de intercambio como LocalBitcoins o Bisq.

Usando plataformas de comercio de criptodivisas, puedes intercambiar criptodivisas por diferentes activos, como acciones.

¿Cómo almacenar criptomonedas?

Invertir en criptodivisas requiere un almacenamiento seguro de las mismas. Hay varias maneras de almacenar criptodivisas, pero una cartera digital es la más popular. Todos los monederos digitales pueden estar basados en software, web o hardware.

A los monederos basados en web se accede utilizando un navegador web, pero los monederos basados en software deben instalarse en un ordenador o dispositivo móvil.

Un dispositivo físico que almacena criptodivisas fuera de línea es un monedero basado en hardware.

La criptodivisa se guarda, envía y recibe utilizando monederos digitales. Por lo general, son menos vulnerables al malware y a la piratería informática que otros monederos. Sin embargo, los monederos digitales pueden ser robados si no se protegen adecuadamente.

Para proteger el monedero, es fundamental utilizar un doble factor de autenticación y contraseñas seguras. Además, se puede evitar la reutilización de direcciones y otros problemas de seguridad utilizando una dirección producida por un generador de números aleatorios seguro. Además, es mejor mantener la confidencialidad de tu clave privada, que da acceso a tus criptomonedas.

Cómo invertir con seguridad en criptomonedas

Antes de invertir, es esencial realizar un estudio de mercado y comprender el sector. Reconocer las tecnologías, ventajas y riesgos de invertir en criptodivisas.

- **Utiliza plataformas de intercambio con reputación** - Los inversores sólo deben comprar y vender criptomonedas en bolsas de confianza. Las plataformas de intercambio de confianza cuentan con medidas de seguridad para proteger a los inversores de fraudes y robos.

- **Almacenar criptodivisas de forma segura** - Después de obtener criptodivisas, es esencial almacenarlas de forma segura. Invertir en un monedero seguro es uno de los mejores métodos para proteger la criptodivisa contra el robo y el fraude.

- **Diversificación** - La diversificación de las inversiones puede ayudar a reducir los riesgos de invertir en Bitcoin. Por ejemplo, dispersar la amenaza comprando muchos tipos de criptodivisas.

7

Invertir en el sector inmobiliario

Aunque los elevados tipos de interés podrían disuadir a los inversores de comprar inmuebles, se prevé que vuelvan a inundar el mercado una vez que las tasas empiecen a bajar. En un reciente estudio de Bankrate, el 29% de los estadounidenses afirmaron que invertirían su dinero en bienes inmuebles si supieran que no lo necesitarían durante al menos diez años.

Más allá de convertirse en propietarios, una opción bien establecida para quienes prefieren gestionar una propiedad personalmente, los consumidores tienen varias opciones para invertir en bienes inmuebles. La posibilidad de invertir en bienes inmuebles sin tener decenas de miles o más en efectivo también es más fácil que nunca gracias a las nuevas plataformas de negocio.

Beneficios de la inversión inmobiliaria

Siendo una de las inversiones más populares y rentables, los bienes inmuebles tienen un gran potencial de éxito cuando se invierte correctamente. Una de las ventajas de la inversión inmobiliaria es un flujo de ingresos constante que podría desembocar en la independencia financiera.

Generar ingresos pasivos es posible:

Puedes producir ingresos pasivos casi libres de impuestos invirtiendo en bienes inmuebles. Incluso mientras duermes, tus propiedades de alquiler seguirán haciéndote ganar dinero. Puedes pasar menos tiempo trabajando y más haciendo lo que te gusta si inviertes en varias propiedades de alquiler que te aporten dinero suficiente para pagar tus gastos.

Puedes proporcionar liquidez para la jubilación:

Cuando se hace correctamente, la inversión inmobiliaria es una excelente manera de acumular riqueza con el tiempo. Generar un flujo de ingresos para la jubilación es una de las numerosas ventajas de la inversión inmobiliaria. Esto significa que puedes utilizar el dinero de tus propiedades de alquiler para complementar tus ingresos de jubilación.

Cobertura contra la inflación:

Los inversores inmobiliarios no comparten el temor a la inflación que siente la mayoría de la gente. La inversión inmobiliaria es una excelente forma de protegerte contra la inflación. Tanto los ingresos por alquiler de tu propiedad como el valor de tu inversión aumentan cuando lo hace el nivel de los precios. De este modo, los efectos a corto y largo plazo de la inflación quedan a salvo de los inversores inmobiliarios.

Los bienes inmuebles son una inversión estable con ingresos continuos:

Las inversiones inmobiliarias no varían drásticamente cada día, como las inversiones en bolsa. Es una inversión fiable que te genera ingresos. Tú sólo cobras periódicamente tus ingresos continuos (también conocidos como rendimiento de caja) para vender cuando el precio ha subido significativamente y el mercado es fuerte.

Puedes ayudar a los demás teniendo una casa:

La satisfacción de dar una casa a otra persona es una ventaja infravalorada de la inversión inmobiliaria, sobre todo en inmuebles residenciales. Todo el mundo necesita un lugar donde vivir, pero no todo el mundo dispone del dinero inicial para comprar una casa, por lo que el alquiler es la única opción. A menudo oímos historias de propietarios que descuidan sus obligaciones y proporcionan a ciertos inquilinos situaciones de vida de pesadilla. La inversión en inmuebles residenciales garantiza que una familia se aloje en condiciones seguras, sanas, limpias e igualitarias, además de ayudar a cubrir las necesidades de vivienda.

Para los inversores, la inversión inmobiliaria ofrece diversas alternativas:

Tienes la opción de invertir en viviendas unifamiliares, viviendas plurifamiliares, terrenos baldíos y edificios comerciales, en función de tus finanzas iniciales, apalancamiento y preferencias. Aunque carezcas de experiencia, puedes empezar a invertir en el sector inmobiliario en cuanto dispongas de los fondos o recursos necesarios para adquirir una vivienda.

Los arrendamientos más largos son una ventaja de invertir en inmuebles comerciales:

Esto se debe a que pueden ofrecerte más estabilidad y fiabilidad. Así pueden permanecer en un mismo lugar durante más tiempo, que es lo que desean la mayoría de las empresas. Los bienes inmuebles nunca carecen de valor.

Aparte de que el valor de los bienes inmuebles suele aumentar, tu inversión en bienes inmuebles nunca puede perder valor, ni siquiera en tiempos difíciles. Si eres propietario de una vivienda, siempre podrás venderla. A diferencia de las acciones, los bienes inmuebles nunca pierden realmente valor, ni siquiera cuando su valor disminuye.

La inversión inmobiliaria reduce el riesgo:

Una de las principales ventajas de utilizar bienes inmuebles en la cartera financiera es la minimización del riesgo. Sí, tener un sueldo mensual fijo es una gran ventaja, pero la protección frente a inversiones más arriesgadas como las acciones suele ser crucial.

La inversión inmobiliaria tiene muchas ventajas y es un gran método para obtener ingresos pasivos. Debido al aumento de la demanda de viviendas, el valor de los inmuebles suele subir, lo que aumenta tus posibilidades de éxito. La inversión inmobiliaria tiene otras ventajas importantes además de las financieras. Consulta las ventajas de la inversión inmobiliaria para comprender por qué será una fantástica incorporación a tu cartera.

Invertir en el sector inmobiliario

El aumento de las tasas de interés ha tenido un impacto significativo en el mercado de la vivienda. Dado que el aumento de las tasas hace que las viviendas sean menos asequibles para los prestatarios, es posible que los propietarios tengan que bajar sus precios de venta para vender una propiedad, como hicieron durante la mayor parte de 2022 y principios de 2023.

Las tasas de interés seguían siendo relativamente bajas a principios de 2022. Las tasas hipotecarias eran considerablemente más altas que en 2021, pero la Reserva Federal aún no había subido rápidamente las tasas de interés. Sin embargo, el banco central había aclarado que se estaba preparando para subir las tasas considerablemente en los próximos meses. Los compradores inteligentes, por tanto, trataron de bloquear tasas hipotecarias reducidas en sus adquisiciones inmobiliarias.

La Fed comenzó entonces a subir las tasas de interés a un ritmo sin precedentes. Los inmuebles se han vuelto menos accesibles debido a las subidas de tasas, y muchos vendedores de propiedades han bajado los precios. La tasa media de las hipotecas a 30 años se situó justo por debajo del 7 por ciento a principios de 2023, un máximo histórico.

Pero las personas que estén considerando involucrarse deben recordar que la inversión inmobiliaria es a menudo un esfuerzo a largo plazo. Incluso si las tasas de interés son altas ahora, podría ser mejor empezar a ahorrar dinero para un pago inicial a la espera de una disminución de las tasas.

En vista de ello, he aquí las cinco mejores estrategias para invertir en el sector inmobiliario.

1. Adquiere tu propia vivienda:

Aunque no suelas considerar tu primera vivienda como una inversión, muchos otros sí lo hacen. Ofrece varias ventajas y es una de las mejores opciones para invertir en bienes inmuebles.

Tus pagos mensuales pueden utilizarse para acumular capital en tu propiedad en lugar de pagar un alquiler, que siempre parece aumentar anualmente. Una parte de las cuotas mensuales de la hipoteca que pagas va a parar a tu bolsillo. Sin embargo, sigue habiendo desacuerdo entre los expertos sobre las ventajas e inconvenientes de ser propietario de una vivienda, y como aprendieron los compradores de la década de 2000, una casa nunca es una inversión prudente.

Si quieres vivir allí durante un largo periodo de tiempo, comprar una casa puede tener sentido porque podrás fijar una cuota mensual que puede ser comparable a lo que pagarías de alquiler. Además, los bancos ofrecen a los prestatarios un tipo de interés hipotecario más barato y requisitos de pago inicial más bajos para las residencias ocupadas por el propietario, lo que las hace más favorables. Los costes por intereses también pueden ser deducibles de tus impuestos.

2. Invertir en una casa para alquilarla:

Puedes intentar alquilar un dúplex o una vivienda unifamiliar como propiedad residencial si estás dispuesto a dar un paso más. El hecho de estar al tanto de las necesidades del mercado hace que este tipo de propiedad sea superior a las propiedades comerciales como los centros comerciales.

Una vivienda unifamiliar puede ser un buen lugar para empezar poco a poco y con poca inversión. En el caso de una vivienda, puedes comprarla por 20.000 o 30.000 dólares, en lugar de los cientos de miles necesarios para comprar una propiedad comercial. Si puedes localizar una propiedad deseable en dificultades a través de ejecución hipotecaria, podrías ser capaz de comprarla aún más asequible.

Tendrás que desembolsar una suma considerable como pago inicial, a menudo hasta el 30% del precio de compra. Por lo tanto, puede ser prohibitivo si estás empezando y aún no tienes un financiamiento considerable. Es posible evitarlo comprando una vivienda de alquiler en la que también residas.

Otro inconveniente es que tendrás que gestionar la propiedad y decidir, por ejemplo, qué necesita mejoras. Aunque la propiedad de un inmueble se considera una ocupación pasiva a efectos fiscales, ser propietario puede convertirla en cualquier cosa menos eso. Además, aunque un inquilino se salte un pago, tú debes seguir pagando las mensualidades para evitar la deuda del préstamo.

3. Considera la posibilidad de cambiar de casa:

La compraventa de viviendas es cada vez más popular, pero exige un buen sentido del valor y más conocimientos operativos que un arrendador a largo plazo. Si sigues esta vía adecuadamente, podrás ganar dinero más rápidamente que si fueras arrendador.

La principal ventaja de utilizar esta estrategia es que puedes ganar dinero más rápidamente que si te limitas a gestionar tu propiedad, pero también requiere más experiencia. Los revendedores de viviendas suelen identificar casas infravaloradas que necesitan reparaciones o una renovación completa.

La diferencia entre el precio total (precio de compra, costes de rehabilitación, etc.) y el precio de venta es lo que ganan después de hacer las reparaciones necesarias y cobrar el valor de mercado por las viviendas.

Los revendedores de viviendas deben tener buen ojo para saber lo que puede repararse de forma asequible y lo que no. También hay que calcular el valor potencial futuro de una casa. Si cometen un error, su beneficio podría desaparecer rápidamente o, peor aún, convertirse en una pérdida total. Si una casa no se vende inmediatamente, el comprador puede verse obligado a pagar intereses por el préstamo hasta que encuentre un comprador.

4. Comprar un REIT:

Las dos siguientes estrategias de inversión inmobiliaria son pasivas, en contraste con las opciones anteriores. Los REIT (fondos de inversión inmobiliaria) son una opción perfecta para los inversores que desean obtener beneficios inmobiliarios con la liquidez y la facilidad de poseer acciones. Además, tienen derecho a percibir dividendos.

En comparación con la inversión inmobiliaria convencional, los REIT ofrecen varias ventajas y podrían simplificar el proceso considerablemente.

Sin embargo, la compra de REIT tiene sus propios inconvenientes. El precio de un REIT puede cambiar cuando oscila el mercado, al igual que el precio de cualquier acción. Como resultado, los precios de los REIT podrían bajar junto con el mercado. Esto es menos problemático para los inversores a largo plazo que pueden capear un descenso, pero si necesitas vender tus acciones, no podrás obtener lo que valen en este momento.

Debes analizar a fondo cualquier acción REIT que pretendas comprar utilizando métodos propios de un analista profesional. Sin embargo, la compra de un fondo REIT, que posee una variedad de REIT y diversifica así su exposición a cualquier negocio o industria, es un método para evitar este inconveniente.

Con un poco de dinero, invertir en un REIT es un punto de partida fantástico, pero tendrás que esforzarte un poco, ya que todavía hay algunas formas de perder dinero con una inversión en REIT.

5. Utiliza un sitio web inmobiliario:

Puedes entrar en el sector inmobiliario en grandes empresas comerciales utilizando una plataforma inmobiliaria en línea como Fundrise o Crowdstreet sin invertir cientos de miles o incluso millones de dólares. Estas plataformas ayudan a reunir a inversores y promotores deseosos de financiar bienes inmuebles y beneficiarse de ganancias potencialmente bastante lucrativas.

El principal beneficio para los inversores en esta situación es la posibilidad de participar en una rica empresa a la que de otro modo no habrían podido acceder. Dependiendo de los detalles de la operación, los inversores pueden participar en inversiones de deuda o de capital. Estas inversiones podrían generar rendimientos no relacionados con la economía y pagos en efectivo, lo que permitiría a los inversores distribuir su exposición a activos basados en el mercado en sus carteras.

Sin embargo, estos sitios presentan varios inconvenientes. Algunos ni siquiera son útiles si aún no se tiene dinero, ya que sólo aceptan inversores acreditados (como los que tienen un patrimonio neto de un millón de dólares o más). Sin embargo, mientras que algunas plataformas podrían exigir una inversión mínima de 25.000 dólares, otras pueden hacerte entrar con sólo 500 dólares.

Las plataformas también cobran una comisión anual de administración, normalmente del 1%, y pueden añadir cargos adicionales. Esto puede parecer caro en un mundo en el que los fondos de inversión y los ETF pueden crear diversas carteras de acciones y bonos por un 0% de comisión.

Aunque las plataformas pueden filtrar las inversiones, tú también tendrás que hacerlo, lo que exige capacidad para examinar la oportunidad. Las inversiones suelen tener poca liquidez y ofrecen pocas oportunidades de reembolso hasta que finalice un proyecto concreto. Y a diferencia de las inversiones en un REIT o en tu propiedad de alquiler, es posible que tengas que localizar otro contrato una vez finalizado un acuerdo y reembolsada tu inversión para mantener la expansión de tu cartera.

8

Gestión del riesgo en tu cartera de inversiones

Financieramente, un riesgo es la posibilidad de que un resultado o una inversión no produzca los resultados o el rendimiento deseados. El riesgo implica la posibilidad de perder toda la inversión inicial o una parte de ella.

El riesgo suele cuantificarse teniendo en cuenta acciones y resultados anteriores. La desviación estándar es una métrica común utilizada para medir el riesgo en finanzas. La desviación típica calcula la volatilidad de los precios de los activos con respecto a sus valores históricos medios durante un periodo determinado.

Comprender los fundamentos del riesgo y cómo se cuantifica hace posible controlar los riesgos de inversión. Todo tipo de inversores y gestores de empresas pueden evitar pérdidas innecesarias y costosas conociendo los riesgos que pueden aplicarse a diversos escenarios y algunas de las técnicas de gestión.

Los principios del riesgo

Todo el mundo se enfrenta a riesgos cotidianos, ya sea conduciendo, cruzando la calle, invirtiendo, planificando su capital o realizando otras actividades. Las variables más importantes para la gestión del riesgo individual y la gestión de inversiones son la personalidad, el estilo de vida y la edad del inversor. El perfil de riesgo determina la disposición y resistencia al riesgo de cada inversor. Los inversores suelen anticipar mayores beneficios para compensar el mayor riesgo de la inversión.

El vínculo entre riesgo y rentabilidad es un concepto fundamental en finanzas. El rendimiento potencial aumenta con el nivel de riesgo que un inversor está dispuesto a aceptar. Hay que pagar a los inversores por asumir mayores riesgos porque éstos pueden manifestarse de muchas maneras. Por ejemplo, un bono corporativo ofrece una tasa de rentabilidad menor que un bono del Tesoro de EE.UU., que es una de las inversiones más seguras. En comparación con el gobierno de EE.UU., una empresa tiene muchas más probabilidades de declararse en quiebra. Los inversores obtienen una mayor tasa de rendimiento de los bonos corporativos debido al mayor riesgo.

Como ya se ha dicho, el riesgo suele cuantificarse teniendo en cuenta las acciones y los resultados pasados. La desviación estándar es una métrica común utilizada para medir el riesgo en finanzas. La desviación estándar de un valor puede utilizarse para medir su volatilidad con respecto a su media histórica. Una desviación estándar elevada denota un alto grado de riesgo y un alto grado de fluctuación del valor.

Para ayudar a gestionar los riesgos relacionados con inversiones y operaciones empresariales, las personas, los asesores financieros y las empresas pueden adoptar planes de gestión de riesgos. En el mundo académico se han encontrado varias teorías, métricas y técnicas de gestión para medir, evaluar y gestionar los riesgos. La desviación típica, la beta, el Valor en Riesgo (VaR) y el Modelo de Valoración de Activos de Capital (CAPM) son algunas de ellas. Los inversores, operadores y gestores de empresas a menudo pueden reducir algunos riesgos utilizando diversas estrategias, como la diversificación y las posiciones en derivados, tras medir y cuantificar el riesgo.

Valores sin riesgo

Ninguna inversión puede estar completamente exenta de riesgo, pero algunos activos tienen tan poco riesgo real que se consideran exentos de riesgo o sin riesgo.

Los valores sin riesgo suelen constituir una base de referencia para el análisis y la medición del riesgo. Estas opciones de inversión proporcionan una tasa de rendimiento prevista con un riesgo mínimo o nulo. Todo tipo de inversores recurren a menudo a estos valores para retener fondos que deben estar rápidamente disponibles o preservar ahorros de emergencia.

Los certificados de depósito, las cuentas del mercado monetario del gobierno y los pagarés del Tesoro de EE.UU. son inversiones y valores sin riesgo. En términos generales, el valor de referencia libre de riesgo para la modelización financiera es un pagaré del Tesoro estadounidense a 30 días. Dada su fecha de vencimiento relativamente corta y la plena fe y crédito del gobierno de EE.UU., tiene poca vulnerabilidad a los tipos de interés.

Riesgo y horizontes temporales

El horizonte temporal y la liquidez de las inversiones suelen influir en la evaluación y gestión del riesgo. Los inversores que necesitan disponer de su dinero de inmediato se inclinan más por colocar su dinero en valores sin riesgo y son menos propensos a invertir en valores de alto riesgo o en inversiones que no puedan liquidarse de inmediato.

Los horizontes temporales también serán cruciales para la cartera de inversión de cualquier inversor. Los inversores más jóvenes pueden ser más propensos a invertir en activos de mayor riesgo con mayores recompensas potenciales si tienen horizontes temporales más largos hasta la jubilación. Debido a su mayor necesidad de fondos, los inversores de más edad tendrían una tolerancia al riesgo diferente.

Tipos de riesgo financiero

Cada decisión de inversión y ahorro conlleva un conjunto único de riesgos y recompensas. La teoría financiera suele dividir los riesgos de inversión que afectan al valor de los activos en dos categorías: riesgo sistemático y riesgo no sistemático. En general, los inversores están expuestos tanto a riesgos sistemáticos como a riesgos no sistemáticos.

Los riesgos sistemáticos, que suelen denominarse riesgos de mercado, son riesgos que pueden repercutir en la mayor parte del mercado o en toda la economía. El riesgo de mercado es la posibilidad de perder dinero en las inversiones debido a los riesgos políticos y macroeconómicos que afectan al rendimiento del mercado. Es difícil reducir el riesgo de mercado mediante la diversificación de la cartera. El riesgo de tipos de interés, el riesgo de inflación, el riesgo de divisas, el riesgo de liquidez, el riesgo de nación y el riesgo sociopolítico son otras categorías frecuentes de riesgo sistemático.

El riesgo no sistemático, que suele denominarse riesgo específico o idiosincrático, afecta únicamente a un sector de la economía o a una empresa concreta. Algunos ejemplos son la retirada de un producto, un cambio en la dirección, un cambio en la normativa que podría perjudicar las ventas de una empresa y la entrada de un nuevo competidor con potencial para robar cuota de mercado a una empresa existente.

La diversificación es una estrategia que utilizan los inversores para controlar el riesgo no sistemático invirtiendo en varios activos. Además de los riesgos sistemáticos y no sistemáticos generales, existen otras categorías de riesgo:

Riesgo empresarial

La viabilidad básica de un negocio -la cuestión de si una empresa puede realizar suficientes ventas y obtener suficientes ingresos para cubrir sus costes operativos y obtener beneficios- se denomina riesgo empresarial. El riesgo empresarial se refiere a todos los costes adicionales que una empresa debe pagar para seguir operando y funcionando, mientras que el riesgo financiero se refiere a los costes de financiación.

Los salarios, los costes de producción, el alquiler de instalaciones, las oficinas y los gastos administrativos son algunos de estos costes. El coste de los bienes, los márgenes de beneficio, la competencia y el nivel general de demanda de los bienes o servicios que ofrece una empresa influyen en el riesgo empresarial de la organización.

Un riesgo empresarial conocido como riesgo operativo puede estar relacionado con fallos del sistema, errores humanos, fraudes u otras operaciones internas que podrían afectar negativamente a los resultados financieros de una empresa. Los riesgos operativos pueden controlarse implantando controles, procedimientos y sistemas internos eficaces.

Las empresas y las inversiones pueden estar sujetas a riesgos legales derivados de modificaciones de la legislación, nuevas normas o casos judiciales. Los riesgos legales y normativos pueden abordarse mediante programas de cumplimiento, vigilando los cambios en las normas y obteniendo asesoramiento jurídico cuando sea necesario.

Riesgo de impago o de crédito

El riesgo de crédito/impago es la probabilidad de que un prestatario no pueda cumplir sus compromisos de préstamo, incluido el pago de los intereses contractuales o del capital.

Los inversores en bonos están especialmente preocupados por este riesgo porque poseen bonos en sus carteras. El último nivel de riesgo de impago y, por tanto, los rendimientos más bajos están asociados a los bonos del Estado, en particular los emitidos por el gobierno federal. Por otro lado, los bonos corporativos suelen tener el mayor riesgo de impago y los tipos de interés más altos.

Los bonos con grado de inversión tienen una baja probabilidad de impago, mientras que los bonos de alto rendimiento o basura tienen una probabilidad mayor. Las organizaciones de calificación de bonos como Standard and Poor's, Fitch y

Moody's pueden ser utilizadas por los inversores para distinguir entre bonos con grado de inversión y bonos basura.

Riesgo país

El riesgo país es la posibilidad de que una nación no pueda cumplir sus obligaciones financieras. Todos los demás instrumentos financieros de un país y de otras naciones con las que mantiene relaciones pueden obtener malos resultados cuando ese país incumple sus deudas. Las acciones, bonos, fondos de inversión, opciones y futuros emitidos en una determinada nación están sujetos al riesgo país. Los países con mayores déficits o los mercados emergentes tienen más probabilidades de experimentar este riesgo.

Riesgo de tipo de cambio

A la hora de invertir en otros países, hay que tener en cuenta los tipos de cambio porque pueden influir en el valor de un activo. El riesgo de cambio (o riesgo de tipo de cambio) es un riesgo que se aplica a cualquier instrumento financiero que esté denominado en una moneda distinta de su moneda nacional.

Por ejemplo, aunque vivas en Estados Unidos y compres en una bolsa canadiense con dólares canadienses, podrías perder dinero si el valor del dólar canadiense disminuye en relación con el valor del dólar estadounidense.

Riesgo de tasas de interés

El riesgo de tasa de interés se refiere a la posibilidad de que se produzca un cambio en el valor de una inversión como resultado de la alteración de la forma de la curva de rendimiento, el cambio de la cantidad absoluta de las tasas de interés, la diferencia entre dos tasas o cualquier otra relación entre las tasas de interés. Este tipo de riesgo, que tiene un impacto más directo en el valor de los bonos que en los precios de las acciones, supone un peligro significativo para todos los titulares de bonos. En el mercado secundario, los precios de los bonos caen a medida que suben las tasas de interés.

El riesgo de reinversión está vinculado al riesgo de tasas de interés. Existe la posibilidad de que un inversor no pueda reinvertir los flujos de caja de una inversión a la misma tasa de rendimiento que la inversión inicial, como intereses o dividendos. El riesgo de reinversión es crucial para las inversiones de renta fija, como los bonos, ya que son vulnerables a la evolución de las tasas de interés. Los inversores pueden reducir el riesgo de reinversión diversificando sus carteras, escalonando sus inversiones o eligiendo varias fechas de vencimiento.

Riesgo político

El riesgo político es la posibilidad de que los beneficios de una inversión se vean afectados negativamente por disturbios o cambios políticos en una nación. Este riesgo puede derivarse de un cambio en el poder ejecutivo, el legislativo, otros responsables de la política exterior o el mando militar. El riesgo, también denominado riesgo geopolítico, aumenta en importancia a medida que se alarga el horizonte temporal de una inversión.

Riesgo de contraparte

El riesgo de contraparte es la posibilidad o probabilidad de que una de las partes de una transacción incumpla un compromiso legal. Las operaciones de crédito, inversión y negociación pueden estar sujetas al riesgo de contraparte, sobre todo si tienen lugar en mercados extrabursátiles (OTC). El riesgo de contraparte está presente en productos financieros de inversión como acciones, opciones, bonos y derivados.

Riesgo de liquidez

El riesgo de liquidez se refiere a la capacidad de un inversor para vender su inversión a cambio de efectivo. Los inversores suelen exigir una prima por los activos ilíquidos para compensar el tiempo que han tenido que conservar valores difíciles de vender.

Riesgo de modelo

Este riesgo resulta de la utilización de modelos financieros para evaluar riesgos, fijar el precio de instrumentos financieros o tomar decisiones de inversión. El riesgo de modelo puede aparecer si el modelo se basa en premisas falsas, información errónea o técnicas defectuosas, lo que podría dar lugar a proyecciones inexactas y repercusiones financieras desfavorables. El riesgo de modelo puede controlarse evaluando y analizando periódicamente los modelos financieros y empleando varios modelos para cotejar los resultados y las proyecciones.

Riesgo VS. Recompensa

La relación riesgo-rentabilidad equilibra el deseo de obtener el menor riesgo y los mejores beneficios. En términos generales, los niveles altos de riesgo están vinculados a rendimientos potenciales altos, mientras que los niveles bajos de riesgo están vinculados a rendimientos potenciales bajos. Cada inversor debe determinar el nivel de riesgo que está dispuesto y es capaz de asumir a cambio de la rentabilidad deseada. En función de variables como la edad, los ingresos, los objetivos de inversión, las necesidades de liquidez, el horizonte temporal y la personalidad.

Es crucial recordar que un mayor riesgo no siempre se traduce en mayores recompensas. La relación riesgo-rentabilidad sugiere que las inversiones con mayores riesgos pueden dar lugar a mejores beneficios, pero no ofrece garantías. La tasa de rentabilidad sin riesgo, o tasa de rentabilidad potencial de una inversión sin riesgo, se sitúa en el extremo inferior del espectro de riesgo. Representa el tipo de interés que se puede esperar de una inversión completamente libre de riesgo a lo largo de un periodo de tiempo determinado. En teoría, el rendimiento mínimo de una inversión debería ser el tipo de interés sin riesgo, ya que no se asumirían más riesgos a menos que el posible tipo de interés fuera más alto.

Riesgo y diversificación

La diversificación es el método más básico y eficaz para reducir el riesgo. Los principios de correlación y riesgo son importantes en el proceso de diversificación. Una cartera bien diversificada incluirá una variedad de valores de distintos sectores con niveles variables de riesgo y correlación de rentabilidad.

La diversificación es el factor más importante para ayudar a un inversor a alcanzar sus objetivos financieros a largo plazo reduciendo al mismo tiempo el riesgo, aunque la mayoría de los especialistas en inversión coinciden en que no puede garantizar que no se produzcan pérdidas.

Planificar y garantizar una diversificación adecuada puede hacerse de varias maneras, entre ellas:

- **Diversificar los vehículos de inversión de tu cartera** - Como efectivo, bonos, fondos de inversión, ETF, acciones y otros tipos de fondos. Busca inversiones cuyos rendimientos históricamente no hayan fluctuado de la misma manera o en la misma medida. Así, aunque una parte de tu cartera pierda valor, el resto puede seguir aumentando.

- **Mantener tus inversiones diversas dentro de cada categoría** - Incluye valores que difieran según la capitalización bursátil, la geografía, la industria y el sector. Combinar varios tipos, como crecimiento, renta y valor, también es inteligente. Los bonos también deben tener en cuenta diversos vencimientos y características crediticias.

- **Incluir valores con distintos niveles de riesgo** - No es obligatorio elegir únicamente valores de primera fila. En realidad, es al revés. Seleccionar activos con distintas tasas de rentabilidad garantizará que las ganancias significativas compensen las pérdidas en otras áreas.

Ten en cuenta que diversificar tu cartera es un proceso continuo. Las empresas y los inversores hacen "chequeos" o reequilibrios rutinarios para asegurarse de que el grado de riesgo de sus carteras es coherente con su estrategia y sus objetivos financieros.

¿Puede la diversificación de carteras ofrecer protección frente al riesgo?

La diversificación de la cartera es una táctica útil para controlar los riesgos no sistemáticos (riesgos relacionados con empresas o sectores concretos), pero no puede proteger contra los riesgos sistemáticos (riesgos que afectan a todo el mercado o a una parte importante de él). La diversificación no puede eliminar riesgos sistemáticos como los tipos de interés, la inflación y los riesgos cambiarios. Sin embargo, mediante estrategias adicionales como la cobertura, la inversión en activos menos vinculados a los riesgos sistemáticos o la modificación del horizonte temporal de la inversión, los inversores pueden reducir el impacto de estos riesgos.

¿En qué difieren la asunción de riesgos y las decisiones de inversión según la psicología del inversor?

La asunción de riesgos y las decisiones de inversión están muy influidas por la psicología del inversor. Las decisiones de inversión de los inversores individuales pueden verse influidas por sus percepciones del riesgo, experiencias pasadas, sesgos cognitivos y respuestas emocionales. Por ejemplo, la aversión a las pérdidas es un sesgo cognitivo que hace que las personas sean más sensibles a las posibles pérdidas que a las ganancias. La aversión a las pérdidas puede hacer que los inversores sean demasiado precavidos y eviten inversiones más arriesgadas que podrían producir mejores rendimientos. Los inversores pueden tomar decisiones más informadas y lógicas sobre su tolerancia al riesgo y su estrategia de inversión si son conscientes de sus sesgos y tendencias psicológicas.

En conclusión, todos nos enfrentamos a riesgos a diario, ya sea viajando al trabajo, surfeando una ola de 18 metros, realizando inversiones o dirigiendo una empresa. El riesgo es la probabilidad de que una inversión no funcione tan bien como uno desearía o de que se pierda dinero. En el sector financiero, el riesgo es la probabilidad de que el rendimiento real de una inversión difiera del previsto.

La evaluación periódica del riesgo y la diversificación son las formas más eficaces de controlar el riesgo de inversión. La diversificación puede aumentar la rentabilidad en función de los objetivos y el grado de riesgo deseado, aunque no garantice las ganancias ni proteja frente a las pérdidas. Los inversores y gestores de empresas pueden alcanzar sus objetivos financieros realizando las inversiones con las que se sientan más cómodos encontrando el equilibrio correcto entre riesgo y rentabilidad.

Conclusión

La forma más fácil de empezar es hacerlo una vez que hayas decidido cuáles son tus objetivos financieros y dónde quieres invertir. Para aumentar tu confianza y poder invertir más dinero a largo plazo, es posible que desees probar primero la plataforma seleccionada con una suma más pequeña.

A la hora de invertir, no existe un periodo concreto en el que debas mantener tus inversiones, pero te aconsejamos que las conserves durante al menos cinco años para equilibrar los altibajos. Tus objetivos financieros deben determinar la duración de tu inversión. Por ejemplo, si tienes 35 años y quieres jubilarte a los 55, debes invertir durante al menos 20 años.

Como con cualquier inversión, sólo debes invertir si estás dispuesto a poner tu dinero durante unos años siendo consciente de que existe la posibilidad de perder dinero o de ganar dinero. No debes gastar inmediatamente el dinero que puedas necesitar, como tus reservas de efectivo para emergencias.

Inversión Inmobiliaria

Estrategias Para Construir Una Cartera Rentable De Propiedades De Inversión Con Conocimientos Sobre Análisis De Mercado, REITS, Gestión De Propiedades De Alquiler, Flipping, Impuestos Y Mucho Más.

Samuel Feron

Contenido

Introducción   91

1. Conceptos básicos de la inversión inmobiliaria   93
   ¿Qué es el sector inmobiliario?
   Por qué el sector inmobiliario es una opción de inversión popular
   Tipos de inversiones inmobiliarias
   Riesgos de la inversión inmobiliaria

2. Análisis del mercado inmobiliario   105
   ¿Qué es un análisis del mercado inmobiliario?
   ¿Cuáles son las razones para realizar un análisis del mercado inmobiliario?
   Realización de un análisis de mercado para inversiones inmobiliarias
   Utilizar los datos para tomar decisiones informadas sobre inversiones inmobiliarias

3. Construir una cartera de propiedades de inversión   115
   ¿Qué significa cartera inmobiliaria?
   Desarrollar una estrategia de inversión inmobiliaria
   8 pasos para crear una cartera inmobiliaria

4. Fondos de inversión inmobiliaria (REITs)   132
   ¿Qué es un REIT?

¿Cómo funcionan los REIT?
Cómo invertir en distintos tipos de REIT

5. Gestión de alquileres   143
   Opciones de gestión de propiedades en alquiler
   Responsabilidades del arrendador
   Cómo gestionar propiedades de alquiler

6. Invertir en propiedades con ánimo de lucro   151
   Cómo funciona el Flipping
   Encontrar propiedades para vender
   Renovar propiedades para obtener el máximo beneficio
   Cómo empezar a vender propiedades
   Cómo maximizar los beneficios de las ventas

7. Fiscalidad e inversión inmobiliaria   160
   ¿A qué tipos de impuestos están sujetos los bienes inmuebles?
   Impuestos sobre bienes inmuebles
   Ventajas fiscales de la inversión inmobiliaria
   Estrategias para reducir los impuestos de las inversiones inmobiliarias

Conclusión   171

Introducción

Una de las mejores formas de ganar dinero es a través de la inversión inmobiliaria, una elección acertada durante todo el año. Aun así, puede resultar difícil si se carece de conocimientos y orientación básicos, sobre todo si no se está familiarizado con la zona en la que se pretende invertir. Es mejor que los fondos de inversión, los depósitos a plazo fijo, las acciones y los bonos, pero podría destruir los ahorros de toda tu vida si no comprendes la normativa básica que controla este tipo de inversión.

El sector inmobiliario se está desarrollando y resulta tentador. El sector inmobiliario se ha convertido en un sector multimillonario y sigue siendo un aspecto crucial de la vida cotidiana. En resumen, ya sea en casa, en el trabajo, durante el tiempo de ocio, etc., todos comprendemos la importancia de tener un techo sobre nuestras cabezas, y estos techos se construyen con determinados materiales y cumplen funciones específicas. Para comprender el marco de la industria del mercado inmobiliario es necesario conocer los siguientes conceptos: economía, riesgo e inversión.

La inversión inmobiliaria tiene una filosofía bastante sencilla. El objetivo es poner dinero en inversiones y dejar que se desarrollen para disponer de más dinero. Todas las inversiones implican riesgos, pero el beneficio potencial debe compensar el riesgo. Consideremos como ejemplo el juego del Monopoly. Para tener éxito, hay que comprar casas, evitar declararse en quiebra y cobrar alquileres para pagar aún más casas. Ojalá todo fuera tan sencillo. Aunque la idea es similar en la vida real, cometer un error durante el proceso de inversión podría tener resultados desastrosos.

Cuando estés listo para empezar a invertir en el sector inmobiliario, deberás elegir un determinado tipo de bienes inmuebles. Este libro proporciona información sobre los tipos de inversiones inmobiliarias que mejor se adaptan a tus necesidades y objetivos. Tanto si eres un inversor principiante como si tienes experiencia, conocerás todos los pasos del proceso de inversión.

1

Conceptos básicos de la inversión inmobiliaria

El 60% de todos los activos del mundo se clasifican como "principales", y el sector inmobiliario representa una parte considerable de toda la riqueza nacional, empresarial e individual. En vista de ello, es obvio que cualquiera que busque clases de activos a los que asignar parte de su efectivo debería plantearse la inversión inmobiliaria.

Pero es necesario comprender los fundamentos de la inversión inmobiliaria antes de poder decidir si invertir o no en bienes inmuebles y cuál de las numerosas formas de bienes inmuebles tendría más sentido para ti.

Este capítulo pretende ofrecerte una introducción completa a la inversión inmobiliaria. En él se aborda la pregunta "¿Qué son los bienes inmuebles?", que incluso a algunos inversores inmobiliarios experimentados les resulta difícil responder adecuadamente.

¿Qué es el sector inmobiliario?

La inversión inmobiliaria consiste en la compra, propiedad, adquisición y administración de terrenos, inmuebles o cualquier otra cosa con fines lucrativos.

Los bienes inmuebles pueden ser una adición beneficiosa a una cartera de inversiones. Cada bien inmueble es diferente, y ya no se crean más. Sea cual sea el tipo de inversión inmobiliaria que elijas, los bienes inmuebles son una forma estupenda de aumentar el rendimiento de tu inversión.

Tanto si deseas ser un inversor muy práctico como si prefieres no intervenir, los inversores inmobiliarios disponen de una amplia variedad de opciones.

Por qué el sector inmobiliario es una opción de inversión popular

Los bienes inmuebles son una inversión muy sólida, ya que están respaldados por un activo tangible. Una propiedad de inversión suele mantener su valor y aumentar con el tiempo. Es improbable que sufras una pérdida total en una inversión inmobiliaria si pagas la hipoteca íntegramente cada mes y tienes el seguro adecuado.

Los bienes inmuebles pueden ser una opción segura para gastar el dinero que tanto te ha costado ganar en algo en constante demanda, porque la gente siempre necesitará un lugar donde vivir. Por lo tanto, no debería sorprender que los bienes inmuebles sean una inversión habitual hoy en día. Examinemos algunos de los factores adicionales que contribuyen a su popularidad:

Los inversores obtienen beneficios muy rápidamente

Los inversores inmobiliarios pueden empezar a ver el flujo de caja inmediatamente, dependiendo de la inversión y de cómo se haya obtenido (es decir, con o sin financiación). Por ejemplo, una inversión inmobiliaria llave en mano ya tiene un inquilino deseable y se ha reformado a fondo. Recibes tu primer cheque de alquiler al final del primer mes.

El capital y la revalorización a largo plazo crecen con el tiempo

Las inversiones inmobiliarias a largo plazo generan un flujo de caja mensual positivo y aumentan el patrimonio neto. Utilizas el alquiler de tu inquilino para pagar cada cuota de la hipoteca. En última instancia, cuando pagas una hipoteca con el dinero aportado por tu inquilino, estás haciendo que otra persona pague por tu inversión.

La segunda ventaja de un enfoque de inversión inmobiliaria a largo plazo es la revalorización. En la mayoría de los mercados, el valor de las propiedades aumenta con el tiempo. Zillow informa que el valor de los inmuebles en EE.UU. ha subido un 6,9% anual. Por lo tanto, la casa que compres ahora por 150.000 dólares podría valer 292.000 dólares dentro de diez años.

Baja barrera de entrada

Empezar como inversor inmobiliario no es tan difícil como parece. Para realizar tu primera inversión, no necesitas disponer de miles de dólares. Utilizar las diversas opciones de financiación disponibles es la clave del éxito para varios inversores inmobiliarios. Es posible que sólo necesites pagar un 20% de entrada por la casa para empezar a invertir en bienes inmuebles, y puedes financiar el 80% restante con una hipoteca a bajo interés. Si no puedes obtener una hipoteca, existen otras posibilidades, como los préstamos sin recurso, los préstamos de capital riesgo o incluso los préstamos personales. Para maximizar tus inversiones inmobiliarias, debes conocer tus alternativas de financiación.

Los inversores pueden recurrir al apalancamiento

Un inversor suele necesitar 100.000 dólares en efectivo para comprar acciones o fondos de inversión por valor de 100.000 dólares. Sin embargo, un inversor inmobiliario puede comprar una propiedad por valor de 100.000 dólares con sólo 20.000 dólares en efectivo y los 80.000 restantes mediante un préstamo.

Aunque algunas propiedades (piensa en los inversores en "arreglar y vender") podrían no cumplir los requisitos para una hipoteca normal, muchos inversores inmobiliarios pueden obtener varias hipotecas y ampliar sus carteras con tan sólo un 20% de entrada en cada vivienda. Como veremos con más detalle más adelante en este libro, los inversores inmobiliarios utilizan la financiación convencional para apalancar su efectivo disponible, de modo que puedan comprar propiedades adicionales y optimizar sus posibilidades de inversión.

Los bienes inmuebles tienen una baja barrera de entrada y un alto potencial de crecimiento y diversificación para una cartera. Los inversores pueden adquirir propiedades prácticamente en cualquier lugar utilizando recursos como empresas de gestión inmobiliaria de renombre.

Los inversores se benefician de las ventajas fiscales

Las desgravaciones fiscales en las que pueden ampararse los inversores inmobiliarios no están al alcance de otros inversores. Un inversor inmobiliario puede reclamar las siguientes deducciones: Intereses hipotecarios, amortización, impuestos sobre la propiedad, seguros, reparaciones y mantenimiento, y gastos de viaje por motivos profesionales.

Existen otras estrategias para evitar que una inversión inmobiliaria se hunda, como el uso de un intercambio 1031 para reducir los impuestos sobre las plusvalías. Las deducciones pueden dar lugar a un mayor flujo de caja positivo para el inversor y a una factura fiscal más baja.

El compromiso de tiempo puede ajustarse

Los inversores "llave en mano" se limitan a utilizar la inversión inmobiliaria como un ingreso pasivo adicional, mientras que los inversores en "arreglar y cambiar" y los inversores que actúan como administradores de propiedades hacen de la inversión su profesión a tiempo completo. Dependiendo de tu enfoque de inversión, necesitarás dedicar más o menos tiempo.

Los inversores pueden gestionar el riesgo

Seguro que has oído el refrán: "Cuanto mayor es el riesgo, mayor es la recompensa". Este proverbio ha resistido la prueba del tiempo y se aplica a la inversión inmobiliaria. Los activos de clase inferior pueden ofrecer mayores rendimientos sobre el papel, pero también conllevan un mayor riesgo de pérdida. Aunque los activos de clase superior suelen tener rendimientos más bajos, se consideran inversiones más seguras. Los inversores pueden elegir inversiones inmobiliarias en función de su tolerancia al riesgo, al igual que en el mercado de valores.

Tipos de inversiones inmobiliarias

Las inversiones inmobiliarias adoptan diversas formas, pero la mayoría pueden dividirse en dos grupos: Las inversiones inmobiliarias que no implican la propiedad de bienes físicos, como los REIT y las plataformas de crowdfunding, incluyen activos tangibles como terrenos, viviendas y edificios comerciales.

Los bienes inmuebles tradicionales y tangibles pueden producir un alto rendimiento de la inversión, pero también pueden conllevar importantes costes iniciales y recurrentes. Debido a los reducidos requisitos financieros de entrada de los REIT y las plataformas de crowdfunding, invertir en una variedad de bienes inmuebles es mucho más asequible que comprar incluso una sola propiedad tradicional. Otro beneficio de las inversiones inmobiliarias alternativas es la ventaja única de no tener que salir de casa ni ponerse ropa para empezar a invertir.

He aquí cinco tipos diferentes de inversiones inmobiliarias a tener en cuenta:

1. REIT:

Los fondos de inversión inmobiliaria (REIT) son propietarios de inmuebles comerciales (hoteles, oficinas y centros comerciales). Las acciones de estas empresas se pueden adquirir en bolsa. Puedes participar en los bienes inmuebles de estas empresas comprando un REIT sin asumir muchos de los riesgos que conlleva la propiedad directa de bienes inmuebles.

2. Plataformas de crowdfunding:

Las plataformas de crowdfunding inmobiliario ofrecen a los inversores acceso a empresas inmobiliarias que podrían reportar enormes beneficios, pero que también conllevan muchos riesgos. Algunas plataformas de crowdfunding solo son accesibles para inversores acreditados, que son aquellos que tienen un patrimonio neto de al menos un millón de dólares, o un patrimonio neto conjunto con un cónyuge, excluido el valor de su vivienda, o unos ingresos anuales de al menos 200.000 dólares en los dos años anteriores (300.000 dólares con un cónyuge).

3. Propiedad residencial:

La propiedad residencial incluye casas unifamiliares, condominios y propiedades vacacionales, casi cualquier lugar donde la gente vive o se aloja. Los inversores en inmuebles residenciales generan dinero cobrando alquileres a los inquilinos (o mensualidades en el caso de alquileres a corto plazo).

4. Propiedad comercial:

Un inmueble comercial es un local que una empresa alquila o arrienda. Los inmuebles comerciales incluyen restaurantes alquilados, gasolineras, galerías comerciales con múltiples negocios y edificios de oficinas alquilados por una sola empresa. Cada empresa pagaría un alquiler al propietario del inmueble, a menos que fuera propietaria absoluta del mismo.

5. Terrenos baldíos:

¿Vendrán si lo construyes? Los inversores suelen comprar el terreno para construir locales comerciales o viviendas.

Sin embargo, si tienes intención de urbanizar el terreno tú mismo, comprarlo para urbanizarlo implica realizar algunos estudios de mercado. La persona más adecuada para esta forma de inversión tiene una cantidad considerable de dinero para invertir, un conocimiento profundo de todo lo relacionado con el sector inmobiliario, incluidos los códigos de construcción, las leyes de zonificación, las llanuras aluviales y el conocimiento de los mercados regionales de alquiler residencial y comercial.

Riesgos de la inversión inmobiliaria

A la hora de invertir, la capacidad de reconocer el riesgo es esencial. En esta sección, hablaremos de numerosas áreas con importantes riesgos de inversión.

Riesgo de capital

Esto implica la pérdida de capital. La desventaja de una inversión es un factor que debe tenerse en cuenta al evaluar los riesgos del capital. ¿Cuánto dinero puede perder un inversor si las cosas empiezan a ir mal? El peor de los casos puede superar el desembolso inicial.

Los riesgos del capital pueden ir más allá del importe de la inversión inicial. ¿Ha invertido el inversor el 80% de su patrimonio neto? Si es así, existe un riesgo importante que podría suponer la ruina. El riesgo de ruina es una noción del comercio. Advierte contra la negociación de más del X% de tu capital para evitar hacer saltar por los aires tu cuenta. Los inversores inmobiliarios pueden utilizar esta idea para indicar que destinar una parte considerable del patrimonio neto a una inversión con un riesgo superior a la media puede acarrear pérdidas considerables.

La elección de una estrategia de salida entra dentro de la categoría de riesgo del capital. ¿Tienes un punto en el que es viable salir de la inversión si las cosas van en tu contra?

Además, es esencial controlar los gastos. ¿Cuáles son algunos gastos potenciales de alto coste pero de baja probabilidad? Estos gastos suelen incluirse en la categoría de gastos de capital, como un tejado con goteras o un sistema de calefacción, ventilación y aire acondicionado que no funcione correctamente.

Deuda

La inversión inmobiliaria suele recurrir a la financiación mediante deuda. Sin embargo, el tipo de financiación de la deuda es crucial. ¿Se trata de un préstamo sin recurso? En ese caso, el prestamista exigirá la incautación de la garantía en caso de impago.

Otro paso crucial es comprender las condiciones del acuerdo de deuda. Es posible que los prestamistas hayan incluido en el acuerdo ciertas cláusulas de endeudamiento. Si el prestatario desconoce estas cláusulas, puede violarlas y obtener resultados desfavorables.

Antes de solicitar un préstamo, el prestatario debe saber cuál será su ratio de cobertura de deuda. El ratio de cobertura de deuda revela cuánta deuda se amortiza con los ingresos por alquiler. Por ejemplo, un ratio de cobertura de deuda de 2,00 se aplica a una hipoteca de $1.000 al mes sobre una casa que se alquila por $2.000 al mes. Un convenio de préstamo puede contener un ratio mínimo de cobertura de deuda que el prestamista puede exigir que el inversor cumpla.

Responsabilidad

Se exige una amplia cobertura de seguro para las propiedades en caso de que alguien resulte herido en ellas. Pero el seguro no siempre lo paga todo. Los contratos son cruciales para abordar la mayoría de las demás cuestiones. Las costosas batallas legales pueden evitarse con la ayuda de una cláusula de arbitraje.

Además, ten en cuenta que debes presupuestar dinero para las deducciones del seguro.

Riesgo de liquidez

Incluso las empresas meticulosamente planificadas a veces no salen como se esperaba. A menudo se producen retrasos y sobrecostes. Un inversor puede necesitar descubrir rápidamente nuevas fuentes de financiación. Es una cuestión de liquidez. ¿Con qué rapidez puede un inversor generar fondos para gastos imprevistos pero urgentes?

Concertar un nuevo préstamo probablemente llevará demasiado tiempo. Es posible que los inversores no inviertan dinero extra en un proyecto. En ocasiones, los inversores pueden ser la única fuente de financiación. Sin embargo, la liquidez se convierte en un problema si el inversor ya ha realizado toda su inversión en el proyecto. Esto podría implicar que el inversor se vea obligado a vender una parte de sus activos (ilíquidos) a precios de saldo para conseguir dinero rápido.

El riesgo de ruina y la crisis de liquidez están estrechamente relacionados. Cuando se agotan los recursos líquidos y se invierte demasiado patrimonio neto en un proyecto, hay poca o ninguna tolerancia al error.

Riesgo de mercado

Las tendencias del mercado inmobiliario nacional y local están ligadas al riesgo de mercado. Todos los activos inmobiliarios de la economía pueden verse afectados si ésta se encuentra al borde de una recesión. Por otra parte, mientras que la economía puede estar funcionando bien, los mercados locales pueden estar atravesando una desaceleración.

Una sólida investigación a escala local y nacional puede ayudar en este sentido. Piensa en el aspecto que tendrá un barrio dentro de diez años en una zona local. ¿Cuáles son las tendencias actuales? ¿Hacia dónde se dirigen la delincuencia, los alquileres del mercado y las escuelas? ¿Los particulares cuidan y mejoran sus viviendas?

La diversificación de la propiedad puede disminuir el riesgo del mercado local, pero tiene un impacto limitado en la reducción del riesgo del mercado nacional. Cuantas más propiedades posea un propietario en varias zonas, menos probable será que las vacantes afecten a su cartera global.

Apalancamiento excesivo

El sobreapalancamiento es la práctica de pedir dinero prestado en relación con el valor de una inversión. Se recurre al endeudamiento cuando un inversor carece de capital para invertir en un proyecto o cuando un accionista pretende aumentar su rentabilidad.

El importe de la deuda se considera excesivo, lo cual es discutible y depende de cada situación. Sin embargo, un inversor se convierte en excesivamente apalancado cuando acumula deuda hasta el punto de que cualquier problema de flujo de caja podría impedirle hacer frente a los pagos del préstamo o conseguir dinero para cumplir un pacto de relación préstamo-valor (si la propiedad pierde valor).

El importe de la deuda inicial no es necesariamente el factor determinante del sobreapalancamiento. Dependiendo del tipo de préstamo, puede cambiar. Por ejemplo, un préstamo con un tipo de interés variable puede ver cómo los pagos aumentan hasta un nivel que el inversor no puede permitirse. El préstamo amortizable puede rescatarse si el inversor carece de fondos para devolver el préstamo. El inversor estaba sobreapalancado en ambas situaciones.

Los inversores que recurren a la financiación deben tener propiedades que produzcan ingresos constantes y fiables que puedan cubrir los costes del préstamo. Cualquier otra cosa podría exponer al inversor a un apalancamiento excesivo.

Una técnica eficaz de análisis de riesgos consiste en clasificar los distintos riesgos que puede entrañar una inversión inmobiliaria. Los inversores pueden evaluar primero el mayor riesgo y, si comprueban que no puede reducirse adecuadamente, pueden rechazar el proyecto. Esto es sustancialmente más rápido que repasar una lista más larga y desordenada de peligros.

2

Análisis del mercado inmobiliario

Un análisis del mercado inmobiliario ayuda a recopilar información para decidir si invertir en una propiedad o evaluar la posibilidad de alquilar una ciudad o zona. En realidad, realizar una compra de tal envergadura sin disponer de la información necesaria sería una locura.

El estudio de mercado es el primer paso de todo inversor antes de entrar en el mercado. El objetivo es confirmar que la propuesta es viable y que el mercado existente la acepta.

Un análisis exhaustivo del mercado inmobiliario requiere paciencia, algo que no todos los inversores inmobiliarios poseen. Debes estudiar si quieres que tu negocio inmobiliario destaque. Entonces, ¿en qué consiste el estudio del mercado inmobiliario?

¿Qué es un análisis del mercado inmobiliario?

El análisis del mercado inmobiliario, comúnmente denominado análisis comparativo de mercado, examina los valores de mercado actuales de propiedades comparables a la vivienda que deseas comprar o vender.

Siempre debe realizar un estudio del mercado inmobiliario, tanto si compras como si vendes una vivienda. Te ayudará a comprender el mercado actual, cuánto valen las viviendas comparables, si se trata de una propiedad de inversión, cuánto puedes cobrar de alquiler, etc.

Los agentes y corredores inmobiliarios elaboran informes para ayudar a los vendedores a fijar los precios de catálogo de sus propiedades y, con menos frecuencia, para ayudar a los compradores a hacer ofertas competitivas.

Los datos de los estudios de mercado inmobiliario ayudan tanto al vendedor a fijar el precio de venta como al comprador a determinar si el precio es justo.

¿Cuáles son las razones para realizar un análisis del mercado inmobiliario?

Te explicaré por qué debes realizar siempre un análisis del mercado inmobiliario, tanto si compras como si vendes una propiedad. Si se trata de una propiedad de inversión, este estudio también te mostrará cuánto puedes cobrar de alquiler y cuánto valen las casas idénticas a la tuya en el mercado inmobiliario actual.

ANÁLISIS DEL MERCADO INMOBILIARIO

Un análisis del mercado inmobiliario, a menudo conocido como CMA, proporciona datos que tanto el vendedor como el comprador pueden utilizar para determinar si el precio de venta es adecuado. Para garantizar que compradores y vendedores reciban un trato justo basado en el valor de la propiedad, siempre debe realizarse un CMA.

Puedes determinar con exactitud el precio de una vivienda evaluando propiedades comparables actualmente en el mercado.

Realización de un análisis de mercado para inversiones inmobiliarias

Al realizar un estudio del mercado inmobiliario, debes utilizar una estrategia sistemática y planificada. Puedes dividir tu análisis en cuatro categorías: mercado, oferta, demanda y entorno. A continuación, hay que formular las preguntas adecuadas.

El objetivo claro es evaluar el potencial del mercado y confirmar la viabilidad comercial del proyecto.

Primer paso: estudiar el mercado y su evolución:

Es fundamental adquirir primero una comprensión global del mercado. El objetivo es aumentar los conocimientos en este ámbito, incluidos el tamaño del mercado, las tendencias y la evolución probable.

A continuación se ilustra una lista de preguntas que deben hacerse al investigar el mercado y su curso de desarrollo previsto: ¿Cuál es el tamaño del mercado, concretamente en lo que se refiere a ventas, clientes y volumen de negocio?

¿Cuál es la situación actual del mercado? ¿Qué posibilidades hay en los próximos años? Un mercado puede estar en expansión o mantenerse igual. ¿Cuáles son las tendencias del sector en la actualidad? ¿Qué bienes y servicios se ofrecen en el mercado? ¿Quiénes son tus competidores principales o secundarios? ¿Qué ofrecen? ¿En qué se diferencian o se asemejan los productos y servicios que tú ofreces y los de tus competidores? ¿Cuáles son tus condiciones de compra? ¿Qué condiciones pueden ofrecerme mis proveedores potenciales y quiénes son?

Responder a estas preguntas te permitirá comprender mejor la situación del mercado y los agentes que intervienen en él.

Segundo paso: estudiar la demanda:

Los objetivos del estudio de la demanda son conocer a los consumidores del mercado y determinar si es posible obtener beneficios. A continuación se ofrece un ejemplo de una lista de preguntas a formular, al evaluar la demanda en un estudio del mercado inmobiliario: ¿Cuántos consumidores hay en este mercado? ¿Cómo está evolucionando esta cifra: aumenta, disminuye o se mantiene? ¿Quiénes son estos clientes en el sector inmobiliario, concretamente? ¿En qué ubicación se encuentran? ¿Cuál es el ritmo de consumo de los clientes? ¿A qué se dedican? ¿Qué factores influyen en la toma de decisiones de los clientes? ¿Cuál es el plan de gastos? ¿Qué factores son cruciales para impulsar una compra?

Tercer paso: analizar la propuesta:

El análisis de la propuesta implica examinar detenidamente qué productos y servicios ofrecen actualmente tus competidores. He aquí un ejemplo de lista de preguntas para re-

ANÁLISIS DEL MERCADO INMOBILIARIO

flexionar sobre la oferta: ¿Quiénes son los competidores del mercado? ¿Quiénes son los líderes del mercado entre las empresas? ¿Qué tamaño tienen los principales competidores? ¿Cómo eligen sus locales y dónde están ubicados? ¿Cuánto tiempo llevan en el mercado y cómo son sus finanzas? ¿Qué normas utilizan algunos competidores para tener más éxito que otros?

Puedes encontrar oportunidades para planificar tus futuros productos y adquirir ventajas competitivas examinando detenidamente las líneas de productos de tus competidores.

Un análisis del mercado inmobiliario te proporcionará una visión más profunda de lo que tiene éxito, lo que es necesario para triunfar y lo que ha fracasado.

Cuarto paso: estudiar el entorno y la ley:

El estudio de análisis del entorno examina todos los elementos que pueden influir en el mercado, como la normativa pertinente, los avances tecnológicos y otras posibles influencias.

He aquí un ejemplo de lista de preguntas que deben formularse al investigar el entorno. ¿Qué innovaciones afectan al mercado? ¿Cuál es el sistema jurídico que controla el mercado? ¿Existen leyes específicas para este sector? ¿Qué pautas puedes observar en el desarrollo de la legislación? ¿Influyen las organizaciones profesionales u otros agentes en el mercado?

Quinto paso: recopilación de datos:

Uno de los pasos más cruciales a la hora de realizar un análisis del mercado inmobiliario es la recopilación de datos, que te hará obtener detalles que te permitirán decidir si debes comprar una propiedad.

Empieza a recopilar los datos que necesitas para proteger tu inversión en el mercado inmobiliario realizando encuestas inmobiliarias.

Sexto paso: resumir los resultados:

Los inversores podrán realizar un análisis y elegir las mejores técnicas para asegurar la inversión si se les presenta un informe con la información recopilada.

La visualización de datos en tiempo real que ofrece el software de encuestas permite analizar previamente la información y crear un informe en el que se destaque la información más importante para que los interesados puedan verla y tomar mejores decisiones.

¡Toma las decisiones adecuadas con la ayuda de los datos para empezar a despuntar en el sector inmobiliario!

Utilizar los datos para tomar decisiones informadas sobre inversiones inmobiliarias

Además de lucrativo, el sector de la inversión también es despiadado, implacable y volátil. Es poco probable que descubras sus ventajas si no eres inteligente, dinámico y analítico. El sector inmobiliario es complicado, y numerosos riesgos podrían tener implicaciones negativas de gran alcance.

Las estadísticas han proporcionado una visión útil de los criterios de lo que constituye una inversión inmobiliaria de éxito en una era en la que tenemos acceso a una gran cantidad de datos.

Un porcentaje significativo de la incertidumbre en la inversión inmobiliaria se elimina mediante el análisis de los datos de las propiedades. Para anticipar eficazmente el potencial de inversión de un suburbio, es crucial tener en cuenta varios conjuntos de estadísticas, porque los datos tomados por sí solos pueden ser perjudiciales y fácilmente malinterpretados. ¿Cuáles son esos puntos?

Antes de entrar en los detalles de cada conjunto de datos, es fundamental reconocer que saber cuándo invertir nos dirá dónde hacerlo. Ubicación, ubicación, ubicación: este dicho sobre el sector inmobiliario se ha repetido hasta la saciedad. Sin embargo, la mayoría de los inversores primerizos se centran en los suburbios cercanos al lugar donde residen actualmente, lo cual es un enfoque incorrecto. Es esencial adoptar una estrategia nacional para acceder a los mayores mercados de inversión; hacerlo te proporcionará acceso a oportunidades en mercados que se encuentran en puntos más ventajosos del ciclo inmobiliario, desde los suburbios cercanos a tu lugar de residencia hasta los mercados de ámbito nacional.

Para identificar estos suburbios hay que tener en cuenta muchos parámetros macroeconómicos, como el crecimiento de la población, la inversión en infraestructuras, el crecimiento del empleo, el crecimiento de los salarios, la oferta futura de viviendas frente a la demanda subyacente, la asequibilidad, el PIB de la AGL, etc. Profundizar en los hechos ayudará a determinar cuándo entrar en este sector. Estos factores te indicarán con seguridad dónde invertir.

Consideremos como ejemplo la construcción de una línea de tren. ¿Cuándo subirían los precios? ¿Cuándo se anuncia un proyecto, cuándo se inicia, cuándo se termina, o dos años después, cuando la comunidad está gritando sobre el viaje disminuido al trabajo?

Entonces, ¿cómo se puede elegir el momento ideal para invertir en un suburbio concreto?

En su forma más básica, el mercado inmobiliario puede dividirse en tres categorías: mercado de compradores, mercado de vendedores o equilibrio, ya que oscila entre ambos. Un inversor potencial aún puede asegurarse una posición en el mercado comprando la transición de un mercado de compradores a un mercado de vendedores, disfrutando al mismo tiempo del crecimiento de precios que se produce a medida que aumenta la demanda y el mercado se vuelve más favorable para los vendedores. Este periodo de transición no durará más de 10 o 12 semanas. ¿Qué tipo de datos hay que utilizar para detectar un mercado en transición?

Días en el mercado

Al analizar las medias móviles de 90 días de los cuatro periodos anteriores, el ritmo de cambio del indicador de días en el mercado de la periferia se estabilizó y posteriormente descendió, trimestre tras trimestre. El hecho de que las casas se vendan más rápidamente después de salir al mercado demuestra una mayor demanda por parte de los compradores. También sería útil comprender mejor la conexión entre las expectativas de los vendedores y las del mercado. En pocas palabras, la demanda supera a la oferta.

Descuento de proveedores

ANÁLISIS DEL MERCADO INMOBILIARIO 113

Cuando se analizan las medias móviles de 90 días de los últimos cuatro periodos, la tasa media de variación de la métrica de descuento de la periferia se ha estabilizado y está empezando a descender trimestre a trimestre. Esto sugiere que los vendedores pueden ser menos flexibles a la hora de fijar el precio con un nivel saludable de demanda de los consumidores.

Volúmenes de ventas

Al comparar los cambios trimestrales en las estadísticas de volumen de ventas de la periferia durante los cuatro periodos anteriores, las medias móviles de 90 días mostraron una tendencia constante al alza. Los volúmenes de ventas caen en un mercado de compradores porque la mayoría de los vendedores posponen la venta hasta que el mercado sea más favorable. Cuando esta tendencia cambia, y los criterios, como se ha mencionado antes, también cambian favorablemente, sugiere que más vendedores están poniendo sus propiedades en el mercado para aprovechar el alto nivel de interés de los compradores.

Rentabilidad bruta

La tasa de variación de la métrica de rendimiento bruto del suburbio ha aumentado al comparar la media móvil de 365 días con la media móvil de 90 días. Esto suele indicar que está aumentando el interés de los inquilinos por un lugar. Por lo general, se trata de posibles compradores, lo que lo convierte en un indicador adelantado de la demanda de compradores potenciales.

Tasas de vacantes

La tasa de vacantes de la zona es inferior al valor medio de la línea de tendencia a largo plazo (últimos cinco años). Esto sugiere un mercado de alquiler ajustado, lo que es crucial para los inversores porque la propiedad debe ser fácil de alquilar. Una señal de ello es cuando la oferta es insuficiente para satisfacer la demanda.

Un inversor potencial debe dar una ponderación a cada puntuación para cada criterio. Es vital considerar los datos mencionados anteriormente en su contexto. Incluso si un suburbio es más pobre en una categoría concreta, puede seguir siendo un lugar de inversión inteligente.

Al final, un porcentaje considerable del riesgo asociado a la inversión inmobiliaria puede eliminarse utilizando eficazmente los datos de que disponemos actualmente. Es probable encontrar mercados en el punto adecuado del ciclo analizando conjuntos de datos y estadísticas que sean significativos, y muestren al inversor dónde invertir. El principal indicador de la ubicación es el momento oportuno.

Comprar y mantener sigue siendo la estrategia de inversión más segura y eficaz, en la que la sincronización con el mercado es menos importante que el tiempo en el mercado.

3

Construir una cartera de propiedades de inversión

¿Te gustaría saber cómo puedes crear una cartera de propiedades? Dada la abundancia de posibilidades disponibles, entrar en este sector no es fácil. Pero gracias a nuestra posición única en el sector de la inversión inmobiliaria y al continuo análisis del mercado, podemos orientar las inversiones y crear carteras rentables.

Conocer los entresijos necesarios para establecer una cartera inmobiliaria con éxito es crucial si deseas hacerlo. Este capítulo repasa toda la información que necesitas para tener éxito como arrendador de carteras inmobiliarias.

¿Qué significa cartera inmobiliaria?

Una cartera de inversiones inmobiliarias es un grupo de activos propiedad de una persona, un grupo o una empresa utilizados para producir ingresos pasivos a largo plazo. Puede incluir bienes inmuebles alquilados a inquilinos a largo o corto plazo en los sectores residencial, comercial e industrial.

El objetivo principal de invertir en una cartera de propiedades de compra para alquiler es producir ingresos pasivos para el inversor. Esto puede lograrse manteniendo las propiedades durante un periodo prolongado, permitiendo que aumenten de valor con el tiempo y, finalmente, vendiéndolas para obtener un beneficio. El inversor puede decidir alquilar las propiedades como medio adicional de obtener beneficios de sus inversiones.

Una cartera de inversiones inmobiliarias bien gestionada debería generar ingresos constantes y contribuir a la acumulación de riqueza.

Aunque una sola propiedad de inversión puede producir unos ingresos constantes y predecibles, tener varias propiedades, especialmente diversas, puede ofrecer un buen flujo de caja, que posiblemente te permita jubilarte anticipadamente.

Desarrollar una estrategia de inversión inmobiliaria

Ser propietario de un inmueble es una estrategia excelente para diversificar una cartera de inversión con una participación que produce rendimientos iguales a los del mercado bursátil pero con menos volatilidad. Además, los inmuebles residenciales ofrecen a los inversores ventajas fiscales especiales, y los inversores pueden emplear el apalancamiento para aumentar los rendimientos globales.

Los inversores disponen de numerosas formas de beneficiarse de los bienes inmuebles, aunque la más popular es la propiedad directa de propiedades de inversión. He aquí 10 estrategias de inversión inmobiliaria que utilizan inversores experimentados y novatos.

1. Comprar y mantener propiedades en alquiler:

La compra y tenencia de propiedades es una estrategia de inversión inmobiliaria utilizada para generar ingresos por alquiler, beneficiarse del crecimiento del valor de la propiedad a largo plazo y aprovechar las ventajas fiscales especiales disponibles para los inversores inmobiliarios.

En los últimos 20 años, el precio medio de venta de las propiedades vendidas en EE.UU. ha subido casi un 200%, y la demanda de viviendas de alquiler sigue siendo alta. Aun así, los ingresos netos de las propiedades de alquiler pueden variar debido al mantenimiento, las reparaciones o las posibles desocupaciones, y algunos inversores podrían desear un enfoque más pasivo de la inversión.

2. Reinvertir los ingresos del alquiler:

Muchos inversores inmobiliarios que compran y conservan adoptan el enfoque complementario de reinvertir los ingresos por alquiler.

El flujo de caja neto de una propiedad de alquiler se conserva hasta que hay dinero suficiente para el pago inicial de una segunda propiedad de alquiler, una estrategia a menudo conocida como el "efecto bola de nieve". Entonces, hasta que haya suficiente dinero para una tercera propiedad de alquiler, se ahorra el flujo de caja neto de ambas propiedades.

La cantidad de dinero generada crece a medida que se amplía la cartera de propiedades de alquiler del inversor.

Para liquidar la hipoteca de una propiedad con mayor rapidez, algunos propietarios también reinvierten los ingresos por alquiler realizando pagos hipotecarios adicionales. El inversor realiza una refinanciación en efectivo para convertir el capital acumulado en efectivo para comprar otra propiedad de alquiler una vez que se dispone de suficiente capital procedente de la revalorización combinada y los pagos anticipados de la hipoteca.

3. House-Hacking:

Una desventaja de invertir en propiedades de alquiler es la posible necesidad de un pago inicial considerable. Los propietarios que aún no disponen de suficiente dinero para comprar una vivienda de alquiler utilizan una estrategia de inversión inmobiliaria denominada "house-hacking".

El alquiler de una habitación libre o la conversión de un sótano en un estudio son dos ejemplos de esta estrategia. Los ahorros obtenidos de los alquileres se utilizan como pago inicial de propiedades de alquiler hasta que se disponga de fondos.

Algunos inversores también emplean un préstamo de bajo desembolso inicial de la Administración Federal de la Vivienda (FHA) o de Asuntos de Veteranos (VA) para comprar una pequeña propiedad multifamiliar. El requisito de que el prestatario resida en una de las unidades como residencia principal es una de las posibles desventajas de esta estrategia. Sin embargo, residir junto a los inquilinos es una gran oportunidad para aprender sobre inversión inmobiliaria y obtener experiencia práctica en gestión de propiedades.

4. BRRRR:

BRRRR significa Comprar (Buy), Rehabilitar (Rehab), Alquilar (Rent), Refinanciar (Refinance), Repetir (Repeat). Los inversores inmobiliarios utilizan el método BRRRR para comprar propiedades de segunda mano utilizando financiación a corto plazo, realizar las reparaciones necesarias, alquilar las propiedades a inquilinos cualificados y, a continuación, refinanciar y retirar efectivo una vez que las propiedades tienen un historial estable de flujo de caja positivo.

El enfoque de inversión inmobiliaria BRRRR es comparable al efecto bola de nieve en el sentido de que un inversor repite la misma acción. El BRRRR suele ser una opción más ventajosa para un inversor activo que disponga del tiempo y los conocimientos necesarios para llevar a cabo las tareas o que cuente con una red fiable y rentable de contratistas que le ayuden en la renovación.

La financiación a corto plazo suele conllevar comisiones y tipos de interés elevados, por lo que el inversor debe tener cuidado de no quedarse sin liquidez hasta que la propiedad empiece a generar beneficios. Esta es una de las desventajas del BRRRR.

5. Arreglar y vender/Flipping:

Si todo va según lo previsto, el cambio de casa es una técnica de inversión inmobiliaria de alto riesgo con un beneficio potencialmente elevado.

Dado que sólo pretenden mantener una propiedad durante un breve periodo de tiempo, los inversores que arreglan y venden propiedades no quieren ser arrendadores. Un inversor puede quedarse con una propiedad infravalorada y esperar beneficiarse de la revalorización después de encontrarla y comprarla. También puede realizar mejoras estratégicas para aumentar el valor de la propiedad.

Los inversores que no pueden vender una casa rápidamente o subestiman el coste de las reformas pueden quedarse sin dinero. Arreglar y vender una casa es lo más adecuado para quienes tienen mucha experiencia en determinar el valor justo de mercado de una casa, el coste real de las reformas y fondos suficientes para completar el proyecto en el plazo previsto y por debajo del presupuesto.

6. Venta al por mayor de bienes inmuebles:

La venta de inmuebles al por mayor es una versión del "flipping", una técnica de inversión en la que el mayorista nunca se hace cargo del inmueble.

Como alternativa, un mayorista inmobiliario busca una propiedad en dificultades con un vendedor inspirado, contrata la casa con un descuento, determina el coste de las reparaciones y el valor justo final de mercado de la propiedad y, a continuación, cede el acuerdo de compraventa a otro inversor a cambio de una pequeña comisión al por mayor.

Para que la venta de inmuebles al por mayor sea eficaz, se necesita mucho esfuerzo, experiencia en el mercado y grandes dotes de negociación para convencer a un propietario de que venda su casa por menos del valor justo de mercado. En muchos estados, un mayorista inmobiliario debe tener también una licencia.

La venta de inmuebles al por mayor puede ser un buen plan de inversión para quienes disponen de un capital de inversión limitado. Algunos mayoristas inmobiliarios experimentados emplean "perros pajareros inmobiliarios" para encontrar una propiedad en apuros y, cuando la localizan, dan al perro pajarero una pequeña comisión por recomendación.

7. REIG:

Pequeños fondos denominados grupos de inversión inmobiliaria (REIG) compran agrupaciones de propiedades de alquiler y luego dejan que los inversores compren esas propiedades al grupo.

El REIG gestiona la comercialización de las propiedades vacantes, la selección de los inquilinos, el cobro de los alquileres, la gestión de la propiedad y el mantenimiento a cambio de una parte de los ingresos mensuales por alquiler. Cuando se venden las propiedades del grupo, los inversores de un REIG se benefician de su parte del crecimiento del capital y de los ingresos recurrentes por alquiler.

Las personas que buscan una estrategia de inversión inmobiliaria sin intervención pueden encontrar una alternativa viable en un REIG. Aun así, es importante examinar la gestión y sus antecedentes de éxito o fracaso.

8. REIT:

Los fondos de inversión inmobiliaria (REIT, por sus siglas en inglés) invierten en diversos activos inmobiliarios, como inmuebles comerciales, subdivisiones residenciales de construcción para alquilar (BTR, por sus siglas en inglés) o propiedades de uso especial, como centros de datos e instalaciones de almacenamiento en frío, que pueden ser empresas públicas o privadas.

Al menos el 90% de los beneficios de los REIT deben distribuirse como dividendos a los accionistas. Pueden ser una estrategia útil para diversificar una cartera de inversiones y ganar dinero con el sector inmobiliario sin poseer ningún inmueble. Los arrendamientos a largo plazo con inquilinos solventes son habituales en los activos con grado de inversión propiedad de un REIT. Los REIT que cotizan en bolsa son más líquidos que otras inversiones inmobiliarias porque sus acciones pueden comprarse o venderse en bolsa.

Sin embargo, los REIT no ofrecen algunas de las ventajas de poseer directamente una propiedad en alquiler, como tener control directo sobre las decisiones relativas a la gestión de la propiedad.

9. Crowdfunding:

Las plataformas de inversión inmobiliaria en línea denominadas crowdfunds permiten a los inversores reunir su dinero en efectivo para adquirir participaciones en propiedades comerciales y residenciales de primera calidad, como viviendas de nueva construcción, complejos de apartamentos e inmuebles comerciales estabilizados.

El crowdfunding puede ser un gran método para acceder a propiedades que están fuera del alcance de la mayoría de los inversores. Si un proyecto es lucrativo, los inversores de crowdfunding obtendrán distribuciones prorrateadas periódicas de los ingresos netos junto con una parte de los beneficios.

Las acciones suelen tener periodos de bloqueo hasta que un proyecto es estable o durante la inestabilidad económica, que es una de las desventajas del crowdfunding. Para encontrar perspectivas rentables, financiar y construir el proyecto, y arrendar y gestionar la propiedad para aumentar el valor de los activos y el flujo de caja, los inversores también deben confiar en la experiencia del patrocinador del crowdfunding.

<u>10. Préstamos privados:</u>

Los prestamistas privados financian préstamos inmobiliarios en lugar de invertir en acciones. Los prestamistas privados dan dinero a los inversores inmobiliarios que buscan una alternativa a las fuentes de financiación convencionales, como los constructores de viviendas, en lugar de comprar propiedades de alquiler.

Al igual que un banco típico, los prestamistas privados generan ingresos a través de las comisiones de préstamo y los tipos de interés. Pero, por lo general, los costes y los tipos de interés son más elevados.

Aunque los préstamos privados pueden ser una estrategia maravillosa para obtener ingresos constantes por intereses, existe la posibilidad de que un prestatario incumpla y el prestamista tenga que recuperar una vivienda parcialmente reformada. Por ello, los prestamistas privados tienen conocimientos de inversión inmobiliaria y saben cómo salvaguardarse en caso de que haya que ejecutar la hipoteca de una propiedad.

8 pasos para crear una cartera inmobiliaria

Aunque estés familiarizado con la inversión inmobiliaria, la gestión de inquilinos, la diversificación de tus participaciones y el crecimiento de una cartera pueden abrumarte. Las carteras inmobiliarias son una estrategia de inversión a largo plazo que puede generar ingresos constantes si se utiliza adecuadamente.

Estas son nuestras principales recomendaciones para iniciar, ampliar y mantener una cartera inmobiliaria:

1. Investigación de mercado y búsqueda de asesoramiento:

Conocer el tipo de propiedades disponibles, qué zonas tienen demanda y cuánto necesitarás invertir es una de las primeras etapas para desarrollar una cartera sólida. Prioriza tu estudio antes de invertir para asegurarte de que comprendes a fondo los costes y el valor que añadirán a tu cartera.

A la hora de planificar, debes investigar en las siguientes áreas:

- **Las estrategias inmobiliarias disponibles** - Es crucial darte cuenta de que son muchas las variables que afectan al camino que debes tomar al evaluar la propiedad como opción de inversión. En lo que decidas invertir influirán tu situación financiera, tus objetivos, el horizonte temporal de tus inversiones y tus preferencias. En primer lugar, decide si deseas invertir en inmuebles comerciales o residenciales. A continuación, investiga más sobre HMO, construcción para alquilar, viviendas sociales y viviendas para estudiantes en el sector de la compra para alquilar. Averigua qué estrategia reduciría el riesgo y garantizaría el mejor rendimiento de la inversión a lo largo del tiempo.

- **Tipo de inquilino y demanda de alquiler** - Antes de promocionar un inmueble de alquiler, ten en cuenta la demanda de alquiler y el tipo de inquilinos. ¿Quieres inquilinos que piensen marcharse a los pocos meses o que se queden a largo plazo? ¿Está la ubicación de tu negocio en un barrio de moda que atrae a jóvenes profesionales, o en una región más residencial que acoge a familias? Una vez que hayas determinado el tipo de inquilino que quieres, es esencial tener en cuenta las instalaciones locales y las opciones de transporte. La probabilidad de periodos vacíos disminuye a medida que la zona se va poblando.

- **Precio de compra y gastos corrientes** - Antes de invertir en una propiedad de compra para alquilar, asegúrate de que tus opciones de financiación cubrirán todos los gastos asociados con el mantenimiento, la reparación y la remodelación de la propiedad, incluido el precio de compra y los gastos corrientes. Además, hay que tener en cuenta gastos como el impuesto del timbre, seguros, impuestos, empresas de gestión inmobiliaria, agentes inmobiliarios y otros. Tu asequibilidad será más fácil si consultas a un asesor financiero.

- **Puntos calientes del rendimiento del alquiler** - Para conocer los posibles ingresos por alquiler, el propietario debe examinar el rendimiento medio de los alquileres en la ciudad elegida. La renta anual de alquiler de un inmueble se calcula dividiendo la renta anual de alquiler por el valor anual del inmueble. Con la ayuda de esta información, podrás decidir qué tipo de inmueble te convendría comprar y alquilar. También debes examinar los costes medios de la vivienda y del alquiler en el barrio para asegurarte una rentabilidad sólida y una alta probabilidad de crecimiento del capital.

2. Establece objetivos y planes a largo plazo:

Antes de decidirte a comprar tu primera vivienda de alquiler, es bueno plantearte tus objetivos a largo plazo.

¿Prefieres beneficiarte del crecimiento del capital cuando vendas la vivienda en lugar de los rendimientos mensuales de los ingresos por alquiler? Puede que necesites conservar tu propiedad durante mucho tiempo, alquilándola durante ese tiempo, para ver cómo aumenta su valor.

También hay que tener en cuenta el tiempo que debes dedicar a tu empresa inmobiliaria. Si hay una vacante, decide si quieres ser un propietario práctico que se ocupe de los problemas de mantenimiento, busca inquilinos y cobra el alquiler. Un agente de alquileres y gestión también puede ocuparse de ello por ti. Tú puedes concentrarte en tu trabajo actual, tu negocio o tus objetivos de jubilación.

No olvides tener en cuenta tus responsabilidades legales como arrendador y los posibles impuestos por compra de vivienda.

3. Construye tu cartera gradualmente empezando por poco:

Al iniciar tu camino en la inversión inmobiliaria, nada es más crucial que hacer una elección sensata para tu primera propiedad.

Adquirir varias propiedades a la vez puede ser tentador a la hora de comprar tu primera vivienda para maximizar tu rentabilidad. Pero empezar con cautela y pensando mucho es importante para construir una cartera considerable a largo plazo.

Para los nuevos inversores, lo mejor es una opción de bajo riesgo. Tendrás más posibilidades de tener éxito como arrendador y ampliar rápidamente tu cartera si eliges una propiedad que necesite poco mantenimiento o reparaciones.

4. Considera una empresa limitada:

Cuando se poseen varias propiedades, se puede descubrir que convertirse en una sociedad limitada es mejor para el pago de impuestos. Los impuestos de sociedades son más bajos que los impuestos individuales debido a los tipos más altos del impuesto sobre la renta. Esto implica que al constituir una sociedad limitada, puedes mantener tus beneficios dentro de la empresa y utilizarlos para pagar futuras compras sin pagar el impuesto sobre la renta.

Al recibir una mayor protección fiscal, muchos arrendadores optan por registrar sus propiedades como sociedades limitadas: Si vendes uno de tus inmuebles, no generarás una plusvalía si conservas los beneficios dentro de la empresa, evitando así el impuesto sobre plusvalías.

5. Compra viviendas fuera del plan:

Por varias razones, vale la pena invertir en inmuebles para comprar y alquilar sobre plano.

En primer lugar, una vez finalizada la construcción, es probable que aumente el valor de la propiedad desde la fase de planificación. Puedes aprovechar este aumento de valor si compras inmediatamente en lugar de esperar a que finalice la construcción.

En segundo lugar, comprar una propiedad antes de que finalice la construcción te permite negociar con el promotor para obtener un mejor valor. Puedes obtener descuentos en las inversiones o condiciones más atractivas.

Por último, la compra de inmuebles sobre plano te permite asegurar tu inversión antes que nadie, reduciendo la probabilidad de que otra parte la adquiera antes de que comience la urbanización.

6. Contrata a un administrador de fincas:

La gestión de tus propiedades en alquiler puede resultar onerosa a medida que se acumulan más obligaciones mientras tratas de expandir tu imperio inmobiliario. La necesidad de contratar a terceros para la gestión de la propiedad aumenta a medida que crece tu cartera. Esto ayuda a garantizar que se cumplan todas las responsabilidades que impone la ley y que todos los inquilinos y propiedades reciban el grado de atención requerido.

Una de las tareas de un administrador de fincas puede ser organizar y supervisar el mantenimiento y las órdenes de trabajo, conseguir a contratistas para realizar las tareas de mantenimiento y las reparaciones, gestionar las quejas de los inquilinos, comercializar eficazmente las propiedades vacías, organizar las visitas y el papeleo para los nuevos inquilinos y depositar el cobro de los alquileres en tu cuenta.

Los administradores de fincas suelen obtener entre el 8 y el 12% de tus ingresos por alquiler. Aunque contratar asistencia puede reducir tus ingresos totales, también puede permitirte disponer de más tiempo, la oportunidad de comprar más propiedades y libertad de horarios.

7. Reduce tus inversiones inmobiliarias:

Una vez que hayas adquirido el control de tu primera propiedad, hayas empezado a generar unos ingresos fiables y te hayas establecido como un profesional en el negocio de la inversión inmobiliaria, ha llegado el momento de ampliar tu cartera de propiedades inmobiliarias.

Puedes comprar terrenos, reconvertir edificios, edificios de varias unidades, viviendas sobre plano o construcciones completamente nuevas. Debes consultar a tu asesor de inversiones y a tu contable para elegir la segunda vivienda adecuada.

Puedes crecer rápidamente con la ayuda de soluciones financieras. Las empresas conjuntas y las asociaciones son una forma fiable y eficaz de acceder a los contactos, recursos y experiencia de otra persona, lo que mejora tu empresa inmobiliaria y tu potencial de crecimiento. Además, solicitar financiación inmobiliaria puede permitirte encontrar las propiedades de inversión que deseas.

8. Ten un plan de respaldo (una estrategia de salida):

Invertir en bienes inmuebles sin un plan de salida de la inversión puede ser arriesgado, ya que aumenta la probabilidad de que no se obtengan rendimientos significativos o de que no se recupere tanto como se invirtió.

Una estrategia de salida se aplica para reducir la probabilidad de fracaso y limitar los riesgos. Proporciona a los inversores un objetivo específico al que aspirar, orientando su calendario de inversión y sus proyecciones financieras. A continuación se enumeran algunas de las tácticas de salida más populares:

- **Enfoque temporal** - Esta estrategia de salida consiste en vender una sola propiedad (o varias) al cabo de un número predeterminado de años. Esto resulta ventajoso para las personas que pretenden vender cuando se acercan a la jubilación. Aun así, los inversores deben tener en cuenta las posibles obligaciones fiscales derivadas de la venta (esto modificará el beneficio total de la revalorización del capital).

- **Enfoque basado en el valor** - Los inversores pueden decidir un objetivo que quieren alcanzar en términos de valor y no de tiempo. Una vez que un inmueble alcanza un determinado valor, se vende para hacer sitio a otras inversiones más caras. Para planificar las subidas (o pérdidas) de valor, esta técnica requiere un seguimiento rutinario de las demandas de los inquilinos, los movimientos del mercado y las predicciones sobre la propiedad.

- **Estrategia de salida basada en el rendimiento** - Cuando se tiene la intención de vender un inmueble cuando el rendimiento medio desciende y ya no ofrece suficiente rentabilidad, se emplea una estrategia de salida basada en el rendimiento. Esta técnica puede aplicarse a cualquier tipo de propiedad, aunque los inmuebles residenciales y comerciales de varias unidades son los que mejor funcionan. El momento de vender surge cuando los rendimientos caen por debajo de un punto de corte específico.

4

Fondos de inversión inmobiliaria (REITs)

Cualquier cartera de renta variable o fija debería tener en cuenta los fondos de inversión inmobiliaria (REIT). Pueden ofrecer una mayor diversificación, mayores rendimientos totales posibles y un menor riesgo global.

En resumen, son un gran contrapunto a las acciones, los bonos y el efectivo, ya que pueden producir ingresos por dividendos y crecimiento del capital.

En la inversión en REIT intervienen los fondos de inversión inmobiliaria. Los activos comerciales que generan ingresos son propiedad y están gestionados por REIT, ya sean las propiedades en sí o las hipotecas que las garantizan.

FONDOS DE INVERSIÓN INMOBILIARIA (RE...

Tienes tres opciones para invertir en REIT: a través de las empresas, de fondos cotizados en bolsa o de fondos de inversión. Existen numerosas variedades de REIT.

A continuación, examinaremos algunas de las principales categorías de REIT y cómo invertir en ellos. Al final de este capítulo, deberías saber más sobre la inversión en REIT en general, así como cuándo y qué comprar.

¿Qué es un REIT?

Si no estás seguro de lo que es la inversión en REIT, se trata de un plan de inversión colectiva que permite a los inversores comprar participaciones en una cartera de activos inmobiliarios que generan ingresos. Por si te lo estás preguntando, REIT son las siglas de Real Estate Investment Trust. Real Estate Investment Trust es una empresa que gestiona, posee o financia cualquier bien inmobiliario que genere ingresos. Los espacios de coworking en la era de la "economía de trabajo temporal" ejemplifican esto, donde, al igual que los fondos de inversión, los REIT reúnen el capital de múltiples inversores. De este modo, se comparten las inversiones y los dividendos sin necesidad de una gestión individual, a diferencia de las inversiones directas en bienes inmuebles, como la compra de una propiedad comercial. Los REIT permiten a los inversores tener una exposición sustancial a los activos inmobiliarios.

¿Cómo funcionan los REIT?

Dependiendo de la clasificación de los REIT, los inversores pueden elegir entre una amplia gama de fondos inmobiliarios, incluidos los Equity REIT y los Mortgage REIT. Los Equity REITs poseen propiedades como hoteles, tiendas, oficinas, condominios y otros tipos de bienes inmuebles, mientras que los REITs hipotecarios obtienen su dinero de los valores respaldados por hipotecas o de los intereses de los activos. En esencia, los REIT se basan en el desarrollo de infraestructuras, la gobernanza estructurada y el fomento de la inversión nacional e internacional para contribuir a una liquidación rápida y sin problemas de las inversiones inmobiliarias.

Cómo invertir en distintos tipos de REIT

Los inversores tienen muchas posibilidades a la hora de elegir un REIT para su cartera de inversiones. Antes de invertir, es esencial comprender los numerosos tipos de REIT a los que se puede acceder y sus características. Los inversores pueden invertir en tres tipos principales de REIT, además de las tres clasificaciones de REIT. Cada tipo sirve a un propósito diferente y puede ofrecer diversas ventajas. Los distintos tipos de REIT incluyen:

1. REIT hipotecario (mREIT):

Un REIT hipotecario, o mREIT, utiliza uno de estos dos enfoques para financiar activos inmobiliarios. Las hipotecas y otros tipos de préstamos inmobiliarios son una forma en que algunos mREIT proporcionan financiación directa. Otros compran o crean valores respaldados por hipotecas (MBS), valores respaldados por activos constituidos a partir de colecciones de hipotecas. Los bancos ofrecen préstamos empaquetados como MBS a los mREIT u otros inversores. Los mREIT pueden obtener sus hipotecas o valores a través de diversas fuentes de financiación, como acuerdos de recompra y financiación estructurada.

FONDOS DE INVERSIÓN INMOBILIARIA (RE...

En ninguno de estos acuerdos, el mREIT posee activos inmobiliarios reales. En su lugar, los intereses de las inversiones proporcionan los ingresos. Los REIT respaldados por hipotecas (mREIT) prestan a otras personas para ayudarles a comprar, construir y poseer inmuebles comerciales que generen ingresos.

Los inversores reciben una parte proporcional de los beneficios del mREIT una vez cubiertos los gastos de explotación y los gastos financieros.

Las hipotecas residenciales, las hipotecas comerciales, los valores respaldados por hipotecas residenciales (RMBS) y los valores respaldados por hipotecas comerciales (CMBS) son sólo algunos de los activos inmobiliarios en los que pueden invertir los mREIT.

Aunque algunos mREITs también participan en RMBSs y CMBSs, la mayoría participa en ofertas de hipotecas residenciales o comerciales. Los mREITs generan ingresos al tiempo que ayudan al sector inmobiliario cobrando intereses por el dinero que prestan a los prestatarios que financian su adquisición de propiedades inmobiliarias residenciales o comerciales. Las hipotecas creadas por los mREIT pueden venderse a bancos, inversores o al gobierno.

Los inversores que piensen en los mREIT deben ser conscientes de varias variables que podrían afectar a su inversión:

- **Riesgo de tasa de interés** - El margen de interés neto de un mREIT, que es la diferencia entre los ingresos por intereses de sus activos hipotecarios y sus gastos de financiación, puede verse afectado por las variaciones de las tasas de interés. Si los mREITs mantienen hipotecas a tasa fija entre sus participaciones, la subida de las tasas de interés puede reducir significativamente el valor de esos títulos. Para controlar sus riesgos de tasas de interés y de crédito, varios mREIT utilizan estrategias de cobertura, como swaps, caps o floors de tipos de interés. Gracias a estas estrategias, las inversiones en mREITs pueden ser menos arriesgadas.

- **Volatilidad** - Los mREIT pueden ser más volátiles que otras formas de REIT en lo que respecta a las oscilaciones de precios. Esta volatilidad puede influir en el margen de interés neto del mREIT. Sin embargo, cuando el margen es amplio, los mREIT pueden tener un potencial de rendimiento significativo.

Los mREITs pueden ser privados, cotizar en bolsa o no cotizar en bolsa. Los inversores también pueden adquirir acciones de mREITs a través de un fondo de inversión o un fondo cotizado en bolsa (ETF). A continuación se explica cómo cada uno de estos canales puede permitir a los inversores adquirir acciones de mREITs:

- **Bolsa de valores** - Los mREIT que cotizan públicamente están a disposición de los inversores inmobiliarios en las principales bolsas de Estados Unidos. Al tratarse de REIT registrados en la SEC, deben publicar estados financieros con regularidad para que los inversores puedan evaluar sus rendimientos y resultados generales.

- **Un asesor o agente financiero** - Los inversores interesados en adquirir mREIT no cotizados en bolsa pueden hacerlo a través de un agente o asesor financiero que participe en la oferta del REIT. Unos pocos intermediarios ofrecen a los inversores acreditados mREIT privados.

- **ETF o fondos de inversión** - Los inversores pueden adquirir acciones de mREIT a través de una mutua o un fondo cotizado en bolsa (ETF).

2. Equity REIT (eREIT):

Un equity REIT, también conocido como eREIT, invierte en bienes inmuebles y gana dinero cobrando alquileres a los inquilinos. Los bienes inmuebles comerciales o residenciales son una opción de inversión para los eREIT. Durante sus operaciones comerciales, los eREIT llevan a cabo varias tareas, como el mantenimiento, la mejora y la gestión de sus propiedades inmobiliarias. Los administradores de propiedades que trabajan para los eREIT suelen gestionar estos activos físicos para los inversores. Como resultado de esta estructura, los eREITs son inversiones pasivas que tienen el potencial de producir grandes rendimientos a través de los ingresos por alquiler.

Los eREITs utilizan los pagos de alquileres para cubrir los gastos de funcionamiento de sus propiedades y los pagos de sus gestores inmobiliarios. Los ingresos netos del eREIT se distribuyen posteriormente a los inversores en forma de dividendos. Al igual que los mREITs, los eREITs deben distribuir al menos el 90% de sus ingresos netos a los inversores. La venta de propiedades es otra fuente de ingresos para los eREITs. Las distribuciones de plusvalías son la forma en que el eREIT paga ingresos a los inversores cuando puede vender una propiedad con beneficios. Dependiendo de la categoría de ingresos del inversor, el IRS grava las plusvalías al 0%, 15% o 20%, tasas inferiores a las de los ingresos ordinarios.

Muchos posibles inversores inmobiliarios se imaginan los eREITs al considerar un REIT. Estos REIT contribuyen a financiar iniciativas que fomentan el crecimiento del empleo, posibilitan servicios necesarios, desarrollan infraestructuras y apoyan el crecimiento económico. Estos REIT pueden encajar bien en una estrategia de inversión a largo plazo, como una centrada en el ahorro para la jubilación, porque dependen de los pagos de alquiler para obtener ingresos.

Almacenes, centros comerciales, edificios de oficinas, hoteles y complejos turísticos, residencias de ancianos, instalaciones de autoalmacenamiento, fábricas y complejos de apartamentos son sólo algunos de los activos inmobiliarios en los que invierten los eREIT.

A los inversores inmobiliarios que estén considerando los eREIT les puede resultar útil tener en cuenta algunas características específicas de este tipo de REIT que podrían influir en su enfoque de inversión:

- **Gastos operativos constantes** - Los ingresos del eREIT pueden verse afectados por los gastos relacionados con el arrendamiento y la gestión de inmuebles residenciales y comerciales.

- **Posibilidad de revalorización inmobiliaria** - Estas propiedades también pueden experimentar un crecimiento a largo plazo debido a la revalorización inmobiliaria. Aunque las oscilaciones del mercado repercuten en el valor de las propiedades, los inversores pueden observar un aumento constante del valor de las propiedades de un eREIT a lo largo del tiempo. Pero para que los eREITs se beneficien de la revalorización, las propiedades deben venderse. Los inversores tienen poco control sobre el proceso de revalorización inmobiliaria de las propiedades porque el gestor del eREIT está al mando.

- **Potencial de enormes ingresos** - Los ingresos por alquiler de los eREITs pueden ser muy lucrativos, dependiendo del mercado y de la estrategia de inversión elegida.

- **Potencialmente menos volátiles que los mREITs** - Los eREITs son más comunes que los mREITs porque operan con bienes inmuebles reales en lugar de hipotecas y pueden verse menos afectados por la situación económica y del mercado. Debido a su baja correlación con otros activos, como acciones y bonos, los eREIT también pueden ayudar a los inversores a diversificar sus carteras.

Los eREIT pueden ser REIT privados, PNLR o REIT que cotizan en bolsa. Algunos eREIT están especializados y se concentran únicamente en activos de determinados sectores, como las instalaciones de autoalmacenamiento o el sector sanitario, mientras que otros están más diversificados. Algunos eREIT se concentran en estrategias de inversión concretas. Una estrategia consistiría en comprar edificios inmobiliarios, por ejemplo, que requieran construcción o renovación antes de poder ser alquilados a inquilinos. Otra estrategia podría consistir en permitir únicamente a un eREIT la compra de edificios totalmente ocupados y que produzcan ingresos.

Dependiendo del tipo de eREIT que elijan, los inversores pueden invertir en un eREIT de las siguientes maneras:

- **Bolsa de valores** - Al igual que cuando se compran acciones de una empresa que cotiza en bolsa, los inversores pueden adquirir acciones de un eREIT que cotiza en bolsa a través de una bolsa de valores nacional. Los informes financieros que estos eREIT presentan a la SEC permiten a los inversores examinar el rendimiento de estas entidades.

- **Asesor financiero o corredor de bolsa** - Si los inversores desean adquirir eREIT públicos, no cotizados o privados, deben hacerlo a través de un agente o asesor financiero.

- **ETF o fondos de inversión** - Los inversores también pueden comprar acciones de eREITs cotizados en bolsa a través de un fondo de inversión o ETF dedicado a eREITs.

3. REIT híbrido:

Los eREIT y los mREIT se combinan para formar REIT híbridos. Los REIT híbridos emplean la estrategia de inversión de comprar tanto bienes inmuebles como hipotecas. Aunque siguen comprando ambos tipos, los REIT híbridos suelen invertir más en un tipo de inversión que en el otro. Estos REIT tienen más libertad para ajustar la asignación de su cartera en respuesta a los cambios en los tipos de interés, las condiciones del mercado y el valor de los inmuebles.

Al utilizar REIT híbridos, los inversores pueden beneficiarse de la tenencia de eREIT o mREIT al tiempo que reducen el riesgo total de la inversión. Por ejemplo, la subida de las tasas de interés y la caída del valor de los inmuebles son los principales riesgos de los eREIT. La caída de las tasas de interés también puede tener un efecto perjudicial sobre los ingresos que obtienen los mREITs. Los inversores pueden evitar algunos de los riesgos asociados a cada forma de inversión invirtiendo en REIT híbridos en los que la dirección del REIT gestiona activamente la diversidad de la cartera en respuesta a estas condiciones cambiantes.

Un REIT híbrido está obligado a cubrir los costes financieros de sus inversiones en hipotecas y MBS y los costes de explotación de sus inmuebles de alquiler. Los REIT híbridos también deben pagar al menos el 90% de sus ingresos netos como dividendos a los inversores, al igual que los mREIT y los eREIT.

Dependiendo de la estrategia del gestor del REIT, estos REIT pueden invertir en una combinación de los siguientes activos: edificios de fabricación, instalaciones de autoalmacenamiento, residencias de ancianos, edificios de apartamentos, instalaciones sanitarias, edificios de oficinas, centros comerciales, hipotecas residenciales o comerciales, MBS residenciales o comerciales.

Los inversores pueden participar en REIT híbridos si no tienen claro en qué activos inmobiliarios desean invertir o desean que el gestor del REIT gestione activamente la cartera del REIT a medida que cambien las condiciones del mercado. La capacidad de los REIT híbridos para participar en activos inmobiliarios e hipotecas puede resultar atractiva para algunos inversores. Los objetivos y el enfoque de inversión de cada inversor determinan en última instancia si invertir o no en un REIT híbrido.

La posibilidad de invertir en sectores específicos es crucial para que los inversores tengan en cuenta a la hora de determinar si invierten en un REIT híbrido. En determinados segmentos del mercado inmobiliario, como los activos residenciales o comerciales, los REIT híbridos pueden realizar inversiones. Un REIT híbrido, por ejemplo, puede decidir invertir en inmuebles residenciales, MBS residenciales e hipotecas residenciales. Los inversores pueden seleccionar el REIT híbrido que mejor se adapte a sus necesidades.

Una inversión REIT híbrida es comparable a una inversión eREIT o mREIT:

- **Bolsa de valores** - Una bolsa de valores nacional es el lugar donde los posibles inversores pueden encontrar acciones de REIT híbridos que cotizan en bolsa.

- **Asesor financiero o corredor de bolsa** - Para vender REIT híbridos que no cotizan en bolsa se recurre a intermediarios o asesores financieros. A través de esta vía, los inversores acreditados también pueden adquirir acciones de REIT híbridos.

5

Gestión de alquileres

Una de las decisiones más importantes que debe tomar un inversor cuando adquiere un inmueble de alquiler es cómo gestionarlo. Mientras que algunos propietarios optan por externalizar por completo la gestión de la propiedad, otros pueden hacerlo ellos mismos (DIY).

Aunque pueda parecer intimidante, es posible gestionar una vivienda uno mismo. En este capítulo se examinan las principales obligaciones de un propietario que lo hace todo él mismo y los seis pasos para gestionar una vivienda de alquiler.

Opciones de gestión de propiedades en alquiler

A los inversores inmobiliarios nunca les faltan opciones, y la gestión de una propiedad de alquiler no es una excepción. Hay tres métodos de gestión de la propiedad que los propietarios pueden utilizar:

Gestionar una propiedad por cuenta propia

La autogestión de una propiedad en alquiler suele ser la opción elegida por los propietarios con más tiempo libre. Para los propietarios que luchan con la delegación, hacer la gestión de su propiedad puede ser una solución viable.

Sin embargo, la gestión de los inquilinos puede llegar a ser estresante, y el incumplimiento de las normas de vivienda justa y de propietario-inquilino podría dar lugar a una demanda contra el propietario.

Pagar por servicios de gestión

Algunas empresas de gestión inmobiliaria permiten a los propietarios elegir los servicios que desean contratar. Para ayudar a un propietario que se lo monte él mismo a comercializar y mostrar una propiedad vacía, seleccionar a un posible inquilino y firmar un contrato de arrendamiento, varios gestores, por ejemplo, ofrecen un plan de "sólo arrendamiento".

La gestión inmobiliaria de pago por uso puede ser eficaz para algunos propietarios, pero si el propietario tiene un trabajo a tiempo completo o vive en otro estado, puede resultar complicado gestionar una propiedad de alquiler.

Contratar a un administrador de fincas a tiempo completo:

La tercera opción es no hacerlo uno mismo. Contratar a un administrador de fincas local competente para que se ocupe de los asuntos cotidianos, como el contacto con los inquilinos, el mantenimiento y las reparaciones, y las dificultades legales, puede merecer la pena el coste mensual.

Normalmente, una empresa de gestión inmobiliaria cobra una cuota mensual del 8% del alquiler mensual. Muchos propietarios consideran que es un coste insignificante para evitar las molestias de la autogestión de una propiedad.

Responsabilidades del arrendador

Algunos caseros son capaces y gestionan su vivienda de alquiler. He aquí las tres grandes áreas de obligaciones que los caseros que se dedican a hacer las cosas por su cuenta deben conocer antes de decidirse a hacer las cosas solos:

Gestión de inquilinos

La gestión de inquilinos exige un alto nivel de habilidades interpersonales. Naturalmente, los inquilinos quieren creer que su dinero se gasta bien.

Los propietarios deben ser capaces de gestionar las preocupaciones de los inquilinos con amabilidad y, al mismo tiempo, poner límites a las peticiones poco razonables (como pagar el alquiler después de la fecha de vencimiento sin incurrir en recargo por demora). Mantener una baja rotación de inquilinos y un flujo de caja saneado es a veces un delicado ejercicio de equilibrismo.

Entre las tres facetas legales de la gestión de inquilinos se incluyen comprender con cuánta antelación es necesario avisar antes de acceder a la propiedad, conocer la legislación estatal sobre propietarios e inquilinos y cumplir la Ley de Vivienda Justa. Una infracción de la ley puede acarrear fuertes multas o incluso acciones legales por parte del inquilino.

Gestión de la propiedad

En beneficio tanto del inquilino como de la zona, los propietarios deben mantener la propiedad segura y habitable.

Una estrategia eficaz para detectar problemas menores antes de que se conviertan en reparaciones importantes y costosas es realizar inspecciones proactivas de la propiedad. Por ejemplo, el mantenimiento estacional del sistema de calefacción y refrigeración y la limpieza de los canalones antes del comienzo de las temporadas de lluvia y nieve pueden ayudar a evitar reparaciones costosas que ascienden a miles de dólares.

Otro deber de la autogestión de una vivienda de alquiler es completar con el inquilino una lista de comprobación de entradas y salidas. Es más fácil distinguir entre el desgaste normal y los daños anormales si se documenta el estado de la casa antes de que el inquilino se mude y al final del contrato de alquiler.

Muchos estados permiten al propietario retener una parte de la fianza del inquilino para cubrir los daños que éste haya podido causar.

Gestión financiera

Los inversores inmobiliarios compran propiedades de alquiler para ganar dinero, idealmente cada mes. Gestionar el dinero llevando la cuenta de cada dólar ganado y gastado es una de las responsabilidades de un casero por cuenta propia.

Los pagos del alquiler, los recargos por demora y los depósitos de seguridad deben abonarse en la partida correspondiente del plan contable. Lo mismo ocurre con el pago de los servicios públicos, los impuestos sobre la propiedad, los seguros, las reparaciones y el mantenimiento, y otros gastos corrientes.

Cómo gestionar propiedades de alquiler

Examinemos ahora cómo los propietarios pueden gestionar eficazmente sus viviendas de alquiler. He aquí seis pasos para autogestionar un alquiler después de comprar una casa y dejarla lista para alquilar:

1. Determinar el precio de alquiler razonable del mercado:

Determinar el alquiler ideal puede parecer un arte y una ciencia. Un precio de alquiler demasiado alto disuadirá a los posibles inquilinos, mientras que un precio de alquiler por debajo del mercado puede reducir los ingresos.

A la hora de fijar el alquiler, hay que tener en cuenta la renta media per cápita y por hogar de la zona, los datos demográficos de los posibles inquilinos, como si son solteros o familias, el alquiler medio que cobra la competencia y las características del inmueble que justificarían un alquiler más alto, como un garaje grande o una piscina comunitaria.

Para comparar los alquileres de una vivienda, utiliza uno de los muchos servicios web disponibles. Al establecer un precio de venta justo basado en anuncios recientes, alquileres comparables y tendencias del mercado, pueden detectar posibilidades de aumentar el flujo de caja.

2. Comercializar la casa vacía:

Muchos inversores y administradores de fincas utilizan servicios online de listados de alquileres y selección de inquilinos creados especialmente para que los caseros puedan encontrar inquilinos adecuados. Con la ayuda de sitios web como Avail y Rentec Direct, los propietarios pueden: crear un anuncio de alquiler; enviar automáticamente los anuncios a los principales servicios de anuncios de alquiler en línea; recibir directamente pistas de posibles inquilinos; ofrecer solicitudes y servicios de selección de inquilinos en línea; solicitar informes de crédito, antecedentes penales y desahucios, cobrando al solicitante por el servicio; y crear y firmar un contrato de alquiler a medida para el estado en el que se encuentra la propiedad de alquiler.

Tras elegir a un inquilino y firmar el contrato, la siguiente fase consiste en cobrar la fianza y el primer mes de alquiler y reunirse con el inquilino en la vivienda de alquiler para finalizar la lista de comprobación de la mudanza.

3. Inspeccionar y mantener la propiedad:

Las obligaciones del propietario empiezan cuando el inquilino se muda. Habrá problemas de mantenimiento y reparación, y cuanto antes se resuelvan, más contento estará el inquilino y más probable será que renueve el contrato.

Puede ser una buena idea pasar de vez en cuando por la propiedad sin molestar al inquilino para comprobar si hay daños exteriores.

Es beneficioso inspeccionar regularmente el interior y el exterior de la vivienda de alquiler después de avisar al inquilino con la antelación necesaria para identificar pequeños problemas antes de que se conviertan en importantes y costosos.

Por último, realizar un mantenimiento anual del tejado, el sistema de calefacción y refrigeración, el calentador de agua y los electrodomésticos puede ayudar a mantener los gastos de capital por debajo del presupuesto y prolongar su vida útil.

GESTIÓN DE ALQUILERES

Muchos propietarios que se lo montan ellos mismos elaboran una lista de las cosas que puede arreglar un propietario o un contratistas de bajo coste, crean una lista de contratistas asegurados y con licencia para realizar el mantenimiento de los sistemas de fontanería, electricidad y calefacción, ventilación y aire acondicionado, piden recomendaciones de proveedores fiables a otros propietarios cercanos y contribuyen regularmente a un fondo de emergencia o a una cuenta CapEx (gastos de capital) para evitar tener que endeudarse. Estas medidas ayudan a agilizar las reparaciones y permiten a los propietarios responder más rápidamente a las peticiones de mantenimiento de los inquilinos.

4. Cobrar el alquiler y cumplir las condiciones del contrato:

Los inversores compran propiedades de alquiler para ganar dinero, y para ganar dinero hay que cobrar el alquiler a tiempo y en su totalidad. Muchos caseros utilizan plataformas de pago de alquileres en línea como TenantCloud y Cozy para cobrar el alquiler el mismo día, con los gastos de tramitación pagados por el inquilino, en lugar de esperar a que llegue el cheque por correo.

Aumentar el cobro de alquileres es una excelente motivación para que los caseros acepten pagos online. La mayoría de los inquilinos prefieren pagar el alquiler por Internet y es más probable que lo hagan.

Los caseros deben estar preparados para imponer los recargos por demora especificados en el contrato si un inquilino no paga a tiempo.

Es probable que si un inquilino adquiere la costumbre de pagar tarde sin incurrir en recargo, siga haciéndolo. Debido a los problemas de liquidez del propietario, éste puede verse obligado a desalojar a un inquilino que habitualmente paga tarde.

5. Desalojar inquilinos morosos:

Incluso con el mejor procedimiento de selección de inquilinos, los desahucios son ocasionalmente necesarios para los propietarios.

Un desahucio residencial puede costar 3.500 dólares o más y tardar cuatro semanas o más en completarse. Un propietario puede tener que reparar daños significativos causados por el inquilino después de que desalojen, ya que no entran ingresos por alquiler.

Algunos propietarios adoptan un enfoque práctico y pagan al inquilino en efectivo a cambio de que devuelva las llaves y abandone la propiedad, en lugar de tirar el dinero bueno por el malo. Aunque pueda parecer ilógico, el dinero en efectivo por las llaves sirve para evitar un costoso desahucio y restablecer inmediatamente el flujo de ingresos de la propiedad alquilada.

6. Utilizar un sistema de contabilidad fiable:

El sistema de contabilidad ideal creará informes financieros precisos, incluyendo una cuenta de resultados y un informe de flujo de caja neto, así como un sistema para realizar un seguimiento de los recibos y otros documentos.

6

Invertir en propiedades con ánimo de lucro

El "flipping" consiste en comprar un activo para venderlo rápidamente y obtener un beneficio, en lugar de conservarlo para que se revalorice a largo plazo. El "flipping" se utiliza a menudo para describir las acciones de algunos inversores en ofertas públicas iniciales (OPI) y transacciones inmobiliarias a corto plazo.

Por lo general, "flipping" puede referirse a la compra de un activo con la intención de venderlo para obtener un beneficio, incluidos vehículos, criptodivisas, entradas para conciertos y otros artículos, aunque estos son los casos de uso más comunes en el sector financiero.

Cómo funciona el Flipping

En el sector inmobiliario, el término "flipping" se utiliza con más frecuencia para describir la compra de propiedades y su rápida venta (normalmente en menos de un año) para obtener beneficios. En el sector inmobiliario, el "flipping" suele referirse a una de las dos formas siguientes.

Los inversores inmobiliarios que buscan propiedades en mercados de rápida revalorización y las revenden con poca o ninguna inversión adicional en la propiedad física pertenecen a la primera categoría. En lugar de la propiedad en sí, se trata de un juego con las condiciones actuales del mercado.

La segunda categoría es la de las reparaciones rápidas, o "renoflip", en la que un inversor inmobiliario utiliza su conocimiento de lo que desean los compradores para aumentar el valor de propiedades infravaloradas mediante renovaciones y ajustes estéticos.

Encontrar propiedades para vender

Si estás dispuesto a iniciar este proyecto de forma independiente, es de suponer que tu primera preocupación sea: "¿Cómo descubro una propiedad para hacer flipping? En esta sección se analizan varios factores a tener en cuenta a la hora de buscar tu primera vivienda para hacer flipping, incluido lo que debes buscar y tratar de evitar.

Hacer flipping de casas es una de las estrategias más populares para generar flujo de ingresos en la inversión inmobiliaria. Encontrar una casa para flipping puede ser difícil, a pesar de que puede ser rentable. Aquí están algunas de las mejores maneras de localizar una casa para flipping.

Recurrir a un agente inmobiliario

En primer lugar, es crucial encontrar un agente inmobiliario que entienda el sector. Lo ideal es que esta persona conozca bien las estrategias de inversión inmobiliaria, especialmente el flipping de casas. El servicio de listado múltiple (MLS), que te proporciona una lista de propiedades asequibles como ejecuciones hipotecarias y ventas al descubierto, es accesible para los agentes inmobiliarios.

Reconocer tu mercado objetivo

Uno de tus primeros pasos debe ser identificar tu mercado objetivo para localizar posibles casas que vender. Los objetivos son encontrar una oferta fantástica en una casa que necesite reformas, realizar las obras y venderla por un precio igual o superior al valor de mercado. Estas comunidades suelen ser regiones en desarrollo con comodidades, como transporte público, lugares de ocio, zonas comerciales, opciones gastronómicas, viviendas asequibles e instituciones educativas de primera categoría.

Examinar las subastas cercanas

Cuando un prestamista ejecuta una hipoteca, la propiedad suele venderse en subasta. Puedes acceder a información pública en línea sobre estas subastas. La fecha y hora de la subasta deben figurar en el anuncio. Es uno de los métodos más fáciles de encontrar una casa para vender a un precio decente, pero necesitarás dinero en efectivo para comprar la propiedad en la subasta. Si utilizas esta estrategia, recuerda que es posible que no tengas tiempo suficiente para inspeccionar la casa antes de hacer una oferta. Considera la posibilidad de acudir antes si la subasta permite a los posibles compradores visitar primero la casa. Antes de la subasta, también puedes conducir por la zona de la propiedad y hacer una evaluación visual.

Buscar ejecuciones hipotecarias

Una casa se convierte en propiedad inmobiliaria (REO) si no se vende a un postor en la subasta. Esto significa que el prestamista recupera la posesión de la propiedad. Recuerda que la casa puede requerir una limpieza y reparaciones considerables.

Comprobar las ventas al descubierto

El prestamista puede considerar una venta al descubierto si un propietario necesita o quiere vender una casa que no vale lo que se debe. Esto indica que la casa se vende a un comprador por menos de la hipoteca pendiente. Aunque la casa requiera reparaciones importantes, estas viviendas pueden ser una buena inversión para los inversores inmobiliarios. Por ejemplo, si un propietario carece de medios económicos para comprar una casa, tampoco podrá permitirse el mantenimiento esencial. Las ventas en descubierto pueden consultarse en la MLS.

Otras opciones

Intenta conducir por los barrios deseables en busca de propiedades que parezcan vacías o necesiten reparaciones. Localiza al propietario utilizando los registros públicos y, a continuación, escríbele para expresarle tu interés por la propiedad. Algunos propietarios están ansiosos por vender pero desconocen el valor potencial de sus casas para los inversores.

Renovar propiedades para obtener el máximo beneficio

Estas son algunas de las prácticas recomendadas para aumentar el valor de tu inversión inmobiliaria, tanto si se trata de arreglar la casa y venderla como de comprarla y mantenerla para generar ingresos pasivos:

Concentrarse en habitaciones de alto valor

Céntrate en remodelar cocinas y baños bonitos en lugar de terminar los sótanos o ampliar el espacio de los armarios en los áticos, ya que la gente pasa aquí la mayor parte del tiempo.

Si es necesario cambiar la instalación eléctrica durante una reforma completa de la cocina, que incluye la sustitución de armarios, puede haber retrasos y costes más elevados. Para evitarlo, puedes volver a revestir los armarios con puertas nuevas y actualizar los electrodomésticos, herrajes, encimeras y salpicaderos, lo que te costará menos de la mitad que comprar e instalar armarios nuevos.

Reconsiderar los suelos de madera

Aunque muchas personas eligen los suelos de madera noble en lugar de la moqueta, el coste adicional de la mano de obra y las materias primas puede hacer que tu presupuesto para suelos supere los $20.000, lo que lo convierte en una opción inasequible para muchos inversores. El precio de un suelo de madera nuevo puede oscilar entre 3 y 8 dólares por pie cuadrado, dependiendo del tamaño de la casa.

Los suelos de vinilo modernos pueden instalarse en cualquier lugar de la casa, como la cocina, los baños, el salón, etc., si no puede recuperarse el suelo actual. Debido a su facilidad de limpieza y durabilidad, los futuros propietarios e inquilinos pueden preferir el vinilo a la madera noble.

<u>Los detalles importan</u>

Considera cómo puedes aprovechar las características actuales de la propiedad para aumentar su valor en lugar de sustituirlo todo. Si bien es probable que vuelvas a pintar toda la casa para darle un aspecto más contemporáneo, piensa en estas mejoras de gran impacto: cambia todos los interruptores de la luz y los enchufes por otros con el mismo acabado y color, actualiza todos los herrajes, considera la tendencia del negro total para reducir los costes de material y evitar acabados desparejos, añade elementos como un sistema de seguridad doméstica o un picaporte digital, etc.

<u>Mejorar el atractivo de la acera</u>

El atractivo exterior de una propiedad actualizada contribuye en gran medida a atraer visitantes a la vivienda, tanto si te dispones a venderla como a alquilarla. Los compradores gastarán un 7% más en una casa con un aspecto exterior mejorado que en una fachada descuidada. Actualiza los números de la casa y el buzón, retoca la pintura exterior o piensa en añadir un revestimiento de piedra a la fachada, pinta la puerta de entrada actual de un color nuevo y cambia los herrajes, arregla el patio o añade un hogar exterior, y arregla el jardín y el porche delantero. Puedes realizar estas pocas actualizaciones exteriores de gran impacto en tu inversión inmobiliaria.

Cómo empezar a vender propiedades

Comparar la compra de una propiedad de alquiler llave en mano con la venta de una casa implica ciertas diferencias.

Para comprar barato, debes tener un sólido conocimiento de las pautas del mercado. También hay que prever el precio de venta del inmueble sin dejar de obtener beneficios.

Para hacer flipping a una casa, debes seguir los cinco pasos siguientes:

1. Análisis del mercado:

Comprar barato y vender caro es mucho más fácil de decir que de hacer. A la hora de vender una casa, hay que elegir una propiedad con suficiente potencial alcista después de deducir el coste de las reformas para obtener beneficios.

Por lo general, las propiedades de clase media y trabajadora en barrios de 2, 3 y 4 estrellas son los mejores lugares para encontrar una casa para hacer flipping.

2. Estimaciones de costes para actualizaciones y reparaciones:

Los revendedores de éxito se concentran en propiedades que requieren pequeñas mejoras estéticas, como nuevos suelos o pintura, instalaciones de fontanería actualizadas, como fregaderos y grifos, y electrodomésticos de acero inoxidable. En comparación con la resolución de problemas estructurales, como una pared o unos cimientos dañados, para los que es necesario recurrir a un contratista general cualificado y obtener licencias municipales, calcular los costes de este tipo de reparaciones es considerablemente más fácil.

La regla del 70% la utilizan los inversores inmobiliarios que se ganan la vida vendiendo propiedades para determinar el precio de oferta más alto por una vivienda. Para determinar si una ganga tiene sentido, debes conocer el coste de las reparaciones y el valor después de la reparación (ARV). Por lo tanto, el precio máximo de oferta para una vivienda con la que se hará flipping se puede calcular utilizando la siguiente fórmula:

Precio Máximo de Oferta = Coste de Reparación - 70% del ARV

Si el ARV de una casa que estás pensando en vender es de $150.000 y las reparaciones necesarias cuestan $15.000, el precio de oferta más alto que podría hacer es de $90.000:

Precio máximo de oferta: $90,000 ($150,000 ARV x 70% = $105,000 - $15,000 Costo de reparación).

3. Acuerdos de financiación:

Utilizar todo tu dinero u obtener un préstamo de dinero duro a corto plazo son métodos viables para financiar un cambio de casa. Los inversores inmobiliarios convencionales que compran y conservan suelen utilizar el apalancamiento para aumentar el rendimiento total.

Por otro lado, los inversores que hacen flipping se esfuerzan por entrar y salir rápidamente de una operación y evitan acumular deudas o pagar intereses, ya que ello podría reducir sus posibles ganancias. Además, debido a la percepción de un mayor riesgo, la mayoría de los prestamistas convencionales no ofrecerán un préstamo sobre una casa con la que se hace flipping.

4. Conocer a los contratistas:

Cuando los contratistas, manitas y proveedores de materiales sepan que vas a generar un flujo constante de negocio, normalmente te ofrecerán mejores tarifas. Puedes reducir la posibilidad de que el coste de las reparaciones sea mayor de lo previsto creando una red de contratistas fiables y asequibles.

El precio de compra más el coste de las reparaciones por encima del valor justo de mercado de la vivienda es algo malo que puede ocurrir al vender una casa. Si eso ocurre, tendrás que vender la casa con pérdidas, algo que a ningún inversor inmobiliario le gusta hacer.

5. Comprar una casa para venderla:

El siguiente paso es firmar el contrato de compraventa una vez que hayas examinado detenidamente el mercado inmobiliario del barrio y hayas descubierto una propiedad que pueda ser rentable. Como ofreces una cantidad inferior al valor de mercado, los vendedores esperarán un acuerdo de compra con pocas condiciones y un cierre rápido de la operación.

El día que se cierra la operación, ten a tu equipo de contratistas preparado para empezar a hacer reparaciones. Cuanto antes termines las reformas, antes podrás vender la casa y ganar dinero.

Cómo maximizar los beneficios de las ventas

Una estrategia para vender una casa con la que estás haciendo flipping es conseguir un propietario que esté dispuesto a pagar más por una gran propiedad totalmente remodelada y actualizada. Para ello, es probable que tengas que poner la casa en la MLS local y pagar una comisión de agente inmobiliario del 5%-6%, lo que reducirá los beneficios de la casa.

Alquilar la propiedad a un inquilino es una decisión inteligente para sacar el máximo partido de tus posibles ingresos al vender una casa. Debes realizar una selección exhaustiva del inquilino y "testear" al inquilino asegurándote de que paga el alquiler puntualmente todos los meses durante varios meses.

A continuación, la casa puede ser listada en el Mercado Roofstock y comercializada a los inversores inmobiliarios elegibles como una propiedad de alquiler llave en mano. Las comisiones de venta son aproximadamente la mitad de lo que se pagaría a través de la MLS, y los inversores en propiedades de alquiler podrían estar dispuestos a pagar más por una casa que ha sido objeto de extensas renovaciones y está ocupada por inquilinos de calidad.

Aunque este método de venta alargará el periodo entre la compra y la venta de la casa, el dinero del alquiler del inquilino ayudará a cubrir los costes de mantener la casa durante unos meses más. Haz los cálculos utilizando ambos escenarios para determinar si el dinero que obtendrás vendiendo en Roofstock es mayor que vendiendo en la MLS.

7

Fiscalidad e inversión inmobiliaria

Es posible que desees invertir en bienes inmuebles por diversas razones. Cuando el valor de una vivienda aumenta con el tiempo, puede proporcionarte dinero a través de la revalorización, y si la alquilas, puedes generar ingresos pasivos. Además, es un método útil para diversificar tu cartera de inversiones.

Las ventajas fiscales de la inversión inmobiliaria incluyen la deducción de algunos gastos de las propiedades en alquiler. Sin embargo, los impuestos inmobiliarios pueden ser bastante complicados, como todo lo relacionado con Hacienda. A continuación se examinan las implicaciones fiscales de la inversión inmobiliaria, junto con las principales ventajas fiscales que conviene recordar.

¿A qué tipos de impuestos están sujetos los bienes inmuebles?

Tanto si eres propietario de un inmueble como si sólo eres un inversor, los tipos de impuestos a los que estarás expuesto cuando operes con bienes inmuebles pueden variar. Por ejemplo, si eres propietario de una casa o un apartamento y lo alquilas, tendrás que pagar impuestos sobre la propiedad a la administración local o estatal, así como impuestos sobre la renta y sobre las plusvalías si decides vender el inmueble para obtener beneficios.

Esto es muy diferente de la compra de bienes inmuebles a través de un fondo de inversión inmobiliaria (REIT), una sociedad limitada (RELP) o crowdfunding. Tú pagas impuestos sobre la renta individual, lo que no te obliga a hacer frente a la carga de ser propietario de una vivienda.

He aquí un resumen de los muchos impuestos en los que puedes incurrir si posees o inviertes en bienes inmuebles.

Impuestos sobre bienes inmuebles

Los gobiernos estatales y municipales recaudan anualmente impuestos sobre la propiedad o los bienes inmuebles para ayudar a pagar carreteras, escuelas, departamentos de policía y bomberos y otros servicios estatales y locales. La tasación de la propiedad, que incluye el terreno, los edificios y otras mejoras, suele ser la base para calcular los impuestos sobre la propiedad. Los tipos impositivos pueden variar según la ciudad y el estado.

Impuesto sobre los rendimientos netos de las inversiones

Los intereses y los dividendos son ejemplos de ingresos por inversiones procedentes de algunas estrategias de inversión inmobiliaria. Si ganas mucho dinero con las inversiones y eres una persona con ingresos elevados, tendrás que pagar el NIIT, que el IRS grava con un tipo del 3,8% a determinados ingresos netos por inversiones. Según la información facilitada por el IRS en su página web, quién debe pagar este tipo de impuesto depende del estado civil y de la renta bruta ajustada modificada (MAGI).

Impuesto sobre la renta de bienes inmuebles

Los ingresos por alquiler de inmuebles se denominan ingresos pasivos y están sujetos al impuesto sobre la renta ordinaria. Realiza la prueba de participación material para descubrir si participaste activamente en un negocio o si se trata de ingresos pasivos para asegurarte de que esto se ajusta a la definición del IRS de lo que se consideran ingresos pasivos.

Impuesto sobre Actividades Económicas

En ocasiones, el alquiler de inmuebles puede considerarse una actividad comercial o empresarial. Esto sólo ocurre si ofreces servicios más allá de los mínimos. Por ejemplo, puedes comprar una casa y convertirla en un bed and breakfast donde servir comidas y proporcionar ropa de cama a los visitantes.

Plusvalías

Puedes obtener plusvalías si vendes un bien por más de lo que pagaste. Tu base de coste es el precio de compra que pagaste por el bien más las renovaciones y los costes de adquisición, menos la depreciación.

Tu tasa impositiva determinará si se trata de una plusvalía a corto o a largo plazo.

La venta de propiedades poseídas durante menos de un año da lugar a plusvalías a corto plazo sujetas a las tasas normales del impuesto sobre la renta. Dependiendo de tu renta imponible total, las plusvalías a largo plazo se gravan a un tipo reducido, entre el 0% y el 20%, y corresponden a activos poseídos durante un año o más.

Impuesto sobre la Renta de las Personas Físicas

Si eres inversor y no posees ninguna propiedad, las ganancias por intereses tributan a la misma tasa que el resto de tus ingresos ordinarios.

Ventajas fiscales de la inversión inmobiliaria

La inversión inmobiliaria puede reportarte numerosas ventajas fiscales. Los siguientes aspectos de la inversión inmobiliaria pueden minimizar tu deuda tributaria y aumentar tu reembolso cuando presentes la declaración, tanto si inviertes en propiedades residenciales como comerciales.

Deducciones inmobiliarias

Las deducciones por bienes inmuebles son una excelente manera de reducir tu renta imponible. Normalmente, estas deducciones compensan los costes de dirigir un negocio y gestionar bienes inmuebles. En particular, las siguientes deducciones pueden ayudarte a reducir tus impuestos: Impuestos sobre la propiedad, intereses hipotecarios, seguros, costes asociados al mantenimiento de una propiedad, como los servicios públicos y el cuidado del césped, reparaciones de edificios, deducciones por oficinas en casa, publicidad, gastos de viaje y costes asociados a asuntos legales y contables, así como suministros empresariales como ordenadores portátiles e impresoras.

Dado que existen tantas deducciones fiscales, es esencial llevar un registro de los gastos pertinentes. Sin registros exhaustivos y recibos, es casi imposible reclamar deducciones. Además, tendrás que aportar documentación que justifique tus deducciones en caso de que el IRS te examine.

Amortización

Los inversores reciben un descuento por la rapidez con que las estructuras se deterioran con el tiempo cuando deducen la depreciación de la propiedad de su renta imponible. En concreto, recibirán la depreciación durante la construcción según el calendario del IRS. Las propiedades residenciales tienen actualmente una vida útil de 27,5 años, mientras que las propiedades comerciales tienen una duración de 39 años.

Tienes derecho a una deducción por depreciación cada año en función de tus propios bienes inmuebles. Digamos, por ejemplo, que posees un local comercial de 50.000 dólares. Su ubicación en el terreno es irrelevante. Si divides $500.000 entre 39 años, tu propiedad tendrá derecho a una deducción por depreciación anual de $12.820 cuando presentes tus impuestos.

Plusvalías

La venta de bienes inmuebles con beneficios genera impuestos sobre las plusvalías. Estos impuestos pueden dividirse en dos grupos: impuestos a corto plazo e impuestos a largo plazo. Como ya se ha dicho, las plusvalías a largo plazo son los beneficios de la venta de activos mantenidos durante un año o más, a diferencia de las plusvalías a corto plazo, que son los beneficios de activos mantenidos durante menos de un año. Dado que Hacienda considera las plusvalías a corto plazo como ingresos ordinarios, no pueden acogerse a exenciones fiscales. Por lo tanto, las plusvalías a corto plazo pueden hacer que subas en la escala impositiva más de una vez, aumentando tus impuestos sobre la renta.

Afortunadamente, las plusvalías a largo plazo conllevan ventajas fiscales. No cuentan como ingresos ordinarios y se gravan a una tasa más reducida que las ganancias a corto plazo. Si obtienes plusvalías a largo plazo, tu beneficio entrará en uno de los tres tramos impositivos siguientes: 0%, 15% o 20%. Si estás casado y declaran juntos y tienen unos ingresos anuales de $89.250 o menos, no tendrás que pagar ningún impuesto sobre las plusvalías a largo plazo.

Intercambio 1031

Tienes que pagar impuestos sobre las plusvalías por la venta de una propiedad de inversión por la que has deducido la depreciación e impuestos sobre la renta por todas las deducciones de depreciación anteriores. Mediante un intercambio 1031, puedes evitar este impuesto, conocido como recuperación de la depreciación. Si compras otra propiedad de inversión con un valor igual o superior a la que vendiste, puedes utilizar este beneficio para posponer el pago de impuestos sobre la venta de bienes inmuebles. Puedes utilizar las reglas del intercambio 1031 tantas veces como quieras, pero no olvides que tendrás que pagar impuestos si retiras los beneficios de una venta o utilizas el dinero para comprar una propiedad más barata.

Rentas pasivas y deducciones por traspaso

Puede ser elegible para una deducción por traspaso si operas tu empresa de bienes raíces como una empresa unipersonal, sociedad inmobiliaria, LLC, o S corp. Utilizando estos negocios de traspaso, puedes deducir de tus impuestos el 20% de los ingresos de tu empresa que cumpla los requisitos.

Considera el escenario en el que administras propiedades de alquiler a través de una sociedad inmobiliaria limitada. Ganas $25.000 al año con el negocio, por lo que puedes deducir $5.000 de tus ingresos cuando presentes la declaración de la renta.

Recuerda que la deducción por traspaso, una disposición de la Tax Cuts and Jobs Act, es válida hasta 2025. Después de ese año, no se te permitirá reclamar esta deducción si el gobierno no implementa ninguna nueva legislación en esta área.

Se incluye el impuesto FICA de los autónomos

Los impuestos FICA de los autónomos suelen ascender al 15,3% de sus ingresos. Los ingresos por alquiler, sin embargo, están exentos de esta normativa. Por lo tanto, si alquilas una vivienda, estás exento de los impuestos FICA.

Zonas de oportunidad

La Ley de Recortes y Empleos Fiscales también introdujo zonas de oportunidad para los inversores. Al comprar viviendas en zonas donde la economía atraviesa dificultades, se puede aplazar el pago de impuestos sobre las plusvalías si se vende el inmueble. Estas "zonas de oportunidad" gubernamentales a menudo requieren desarrollo y puestos de trabajo mejor pagados.

Las tres ventajas fiscales de invertir en una zona de oportunidad son las siguientes. En primer lugar, no tendrás que preocuparte por los impuestos sobre plusvalías hasta que vendas tu inversión en 2026. Además, si mantienes tu inversión durante cinco o siete años, recibirás un incremento del 10% sobre la base imponible de tus plusvalías y una bonificación del 15%. Por último, si inviertes durante al menos 10 años, puedes evitar totalmente el pago de impuestos sobre las plusvalías.

Cuentas de jubilación con diferimiento de impuestos

Una cuenta de ahorros sanitarios (HSA) o una cuenta de jubilación individual (IRA) que permita la inversión inmobiliaria es otro método para iniciarte en la inversión inmobiliaria. Los impuestos sobre las inversiones se pueden retrasar con estas cuentas hasta que saques dinero de ellas.

Estrategias para reducir los impuestos de las inversiones inmobiliarias

La inversión inmobiliaria es desde hace tiempo una estrategia de éxito para acumular riqueza. ¿Cuál es el secreto de la creación de riqueza mediante la inversión inmobiliaria? Reducción de impuestos.

Las rentas de la inversión inmobiliaria están sujetas a menos sanciones fiscales que las rentas ordinarias. Los inversores inmobiliarios expertos saben qué hacer para reducir sus obligaciones fiscales y aumentar sus beneficios.

Descubre 9 tácticas para reducir los impuestos y ayudar a los inversores inmobiliarios como tú a dirigir un negocio más rentable.

1. Mantén una propiedad durante más de un año:

Mantener propiedades durante más de un año es la primera medida que puede tomar un inversor inmobiliario para reducir su carga fiscal.

Si posees una inversión, como un bien inmueble, durante menos de un año y la vendes con beneficios, los beneficios tributan al tipo normal del impuesto sobre la renta. Si posees un bien durante más de un año antes de venderlo, probablemente puedas hacerlo a una tasa impositiva sobre plusvalías del 15%, que probablemente sea menos de la mitad de tu tasa normal. Además, si conservas un bien durante más de un año, puedes obtener más beneficios arrendándolo y vendiéndolo después, una vez que haya aumentado su valor.

2. Ten bienes inmuebles en una cuenta IRA autodirigida:

Probablemente ya estés familiarizado con el ahorro para la jubilación con ventajas fiscales si alguna vez has tenido un trabajo W2. Cada persona tiene una estrategia diferente en relación con los planes 401(k), las cuentas individuales de jubilación (IRA) y las IRA Roth.

Si eres un inversor que busca una desgravación fiscal, debes conocer las cuentas IRA autodirigidas. Las cuentas IRA autodirigidas pueden invertirse en diversos activos, como bienes inmuebles, y son custodiadas por un depositario.

Para comprar y poseer propiedades de inversión, probablemente necesitarás formar una LLC o corporación legal, trabajar con un custodio o negocio fiduciario y gestionar tu IRA autodirigida. De este modo, podrás realizar inversiones libres de impuestos en tu LLC y en tus propiedades.

3. Benefíciate de un intercambio 1031:

¿Qué pasaría si pudieras vender una casa para obtener un beneficio y evitar pagar impuestos sobre los ingresos?

Con un intercambio de la Sección 1031, es factible. El intercambio 1031, un "intercambio en especie similar", te permite transferir ganancias de una inversión inmobiliaria a otra. En cambio, tendrás que pagar impuestos sobre la renta o sobre las plusvalías si decides contabilizar tus ganancias como ingresos.

Lo mejor es que los intercambios 1031 te permiten reinvertir cada vez que vendes una propiedad y compras otra, lo que te ayuda a acumular riqueza al tiempo que reduces o evitas los impuestos sobre tus activos.

4. Aumenta tus deducciones fiscales:

La reducción de impuestos en la inversión inmobiliaria se refiere al aumento de tus deducciones. Casi todos los gastos inmobiliarios son desgravables. Afortunadamente, no sólo los grandes inversores inmobiliarios pueden beneficiarse de las deducciones. Siempre tienes la opción de elegir la deducción estándar si tus deducciones detalladas no son muy significativas.

5. Aprovecha la deducción por traspaso del 20%:

Los inversores inmobiliarios ahora tienen acceso a la deducción por traspaso del 20%, otro método de minimización de impuestos que se ha vuelto disponible recientemente.

Es posible que puedas deducir de tu base imponible un 20% de los ingresos de tu negocio inmobiliario gracias a las deducciones por traspaso de la Tax Cuts and Jobs Act de 2017 (TCJA), que permiten a algunos propietarios de pequeñas empresas deducir un 20% adicional de sus ingresos empresariales netos.

La TCJA también incluye las Zonas de Oportunidad, lugares identificados como carentes de negocios, y puede permitirle invertir en bienes inmuebles con una menor carga fiscal.

6. Pide prestado en lugar de vender para revalorizar:

Supongamos que compras una propiedad y la conservas durante cinco años. Si mantienes y cuidas tu activo adecuadamente, deberías tener una plusvalía de algo que vale más que hace cinco años. Aunque vender para aprovechar la revalorización puede ser tentador, los inversores inmobiliarios astutos piden préstamos sobre activos que se revalorizan para reducir sus obligaciones fiscales.

Puedes pedir prestado dinero contra el activo y deducir los pagos de intereses en tus impuestos. Tu riqueza y tu acceso al dinero aumentarán a medida que tus inquilinos puedan pagar el préstamo y tu propiedad se revalorice.

7. Realiza una venta con plan de pagos:

No es necesario cobrar y pagar impuestos inmediatamente después de vender una casa. En su lugar, piensa en vender a plazos para reducir tu obligación fiscal.

Un cliente compra tu propiedad mediante una venta a plazos y realiza los pagos a lo largo de varios ejercicios fiscales. Hacer esto te permite categorizar tus ganancias como plusvalías a largo plazo en lugar de a corto plazo. En última instancia, las ventas a plazos te ahorran dinero, ya que las plusvalías a largo plazo tributan a una tasa reducida.

8. Evita pagar impuestos dobles FICA:

La Seguridad Social y el Seguro Médico se financian con los impuestos FICA, que son impuestos sobre el empleo. Empresarios y empleados pagan cada uno el 7,65% en impuestos, y los autónomos son responsables de pagar el 15,3% de sus ingresos por inversiones inmobiliarias en impuestos.

Esto podría evitarse. No quieres ser etiquetado por el IRS como un comerciante o alguien que principalmente posee una propiedad para venderla si eres un inversionista de bienes raíces.

En su lugar, demuestra la intención de invertir para evitar la condición de concesionario y la doble imposición de impuestos FICA. Demuestra que estás vendiendo propiedades para conseguir dinero para otro tipo de inversiones, incluido un pago inicial o cuotas de mejora. También puedes pensar en crear una entidad legal con la ayuda de un contador, como una sociedad, LLC o S-corp, que tiene diferentes expectativas fiscales.

9. Deprecia propiedades:

Los inversores inmobiliarios pueden buscar la revalorización, pero hacerlo conlleva costes porque un mayor valor de la propiedad se traduce en mayores impuestos sobre la propiedad.

Al depreciar tu propiedad, puedes mitigar las implicaciones fiscales de la valorización. Una parte del valor de construcción de tu propiedad puede amortizarse cada año. También puedes depreciar las mejoras de capital, lo que te ahorrará dinero hasta que vendas la propiedad y tengas que pagar por la recaptura de la depreciación.

Conclusión

Los bienes inmuebles pueden ser una inversión inteligente con capacidad para generar ingresos constantes y aumentar el patrimonio. La iliquidez, o la relativa dificultad para cambiar efectivo en un activo y un activo en efectivo, sigue siendo una desventaja de la inversión inmobiliaria.

A diferencia de una transacción de acciones o bonos, una operación inmobiliaria puede tardar meses en cerrarse, y puede finalizarse en cuestión de segundos. Encontrar la contraparte ideal puede llevar semanas, incluso con la ayuda de un corredor. Por supuesto, los fondos de inversión inmobiliaria y los REIT ofrecen mayor liquidez y precios de mercado. Pero como tienen un vínculo considerablemente más fuerte con el mercado bursátil general que las inversiones inmobiliarias directas, tienen el coste de una mayor volatilidad y menos ventajas de diversificación.

Mantén unas expectativas razonables, como con cualquier inversión, y estudia y haz los deberes antes de tomar una decisión.

El sector inmobiliario ha demostrado repetidamente ser un instrumento de inversión muy rentable. Pero una de las may-

CONCLUSIÓN

ores dificultades de entrada es entender cómo invertir en el sector inmobiliario. La buena noticia es que todo el mundo puede aprender a invertir en bienes inmuebles; todo lo que hace falta es dedicar tiempo a la autoformación. Esta es la razón por la que hemos creado esta guía especial para principiantes. Sea cual sea tu punto de partida, no hay ninguna justificación para que los bienes inmuebles estén fuera de tus límites. Se puede acceder a un profesional inmobiliario de éxito a través de varias estrategias de inversión. Encuentra la mejor estrategia para ti tomándote el tiempo necesario para estudiar la inversión inmobiliaria para principiantes.

Milton Keynes UK
Ingram Content Group UK Ltd.
UKHW022333110924
448189UK00013B/265

9 781835 123508